CARL AUER
LebensLust

Brian M. Alman

Finde deine Stimme

Negative Selbstgespräche überwinden und die innere Weisheit entdecken

Unter Mitarbeit von Stephen Montgomery

Aus dem Amerikanischen von Theo Kierdorf und Hildegard Höhr

2014

Umschlaggestaltung: Uwe Göbel
Umschlagmotiv: © Thorsten Höning
Satz: Verlagsservice Hegele, Heiligkreuzsteinach
Printed in Germany
Druck und Bindung: CPI – Ebner & Spiegel, Ulm

Erste Auflage, 2014
ISBN 978-3-8497-0001-0

Die Originalausgabe erschien unter dem Titel
»The Voice. Overcome Negative Self-Talk and Discover Your Inner Wisdom.«
bei Sterling Publishing Co., Inc., 387 Park Avenue South, New York, NY 10016, USA.

Bibliografische Information der Deutschen Nationalbibliothek:
Die Deutsche Nationalbibliothek verzeichnet diese Publikation
in der Deutschen Nationalbibliografie; detaillierte bibliografische
Daten sind im Internet über http://dnb.d-nb.de abrufbar.

Informationen zu unserem gesamten Programm, unseren Autoren
und zum Verlag finden Sie unter: www.carl-auer.de.

Wenn Sie Interesse an unseren monatlichen Nachrichten
aus der Vangerowstraße haben, können Sie unter
http://www.carl-auer.de/newsletter den Newsletter abonnieren.

Carl-Auer Verlag GmbH
Vangerowstraße 14
69115 Heidelberg
Tel. 0 62 21-64 38 0
Fax 0 62 21-64 38 22
info@carl-auer.de

Inhalt

Einleitung: Die innere Stimme finden

Ich hatte entsetzliche Rückenschmerzen. Sie machten mir Arbeit und Freizeit zur Hölle und nahmen mir alles, was ich am Leben hätte schätzen können. Was ging da in meinem Rücken vor sich?

Ich kannte diesen Schmerz nur zu gut. Von Geburt an fehlte mir ein Teil des Rückgrats, der vierte und fünfte Lendenwirbel, und ich litt unter Schmerzen, seit ich gehen konnte. Lange Zeit hatte ich mit meinen Schmerzen fertig werden können, indem ich mir Bettruhe gönnte und Schmerzmittel einnahm. Aber in den letzten Jahren waren die Schmerzen immer stärker geworden. Nun war ich zwanzig Jahre alt, und sie waren unerträglich.

In der Hoffnung, eine Lösung zu finden, suchte ich Rat bei meinen orthopädischen Ärzten in Boston. Sie empfahlen mir, mich zunächst sechs Monate lang in ein Gipskorsett zu legen, um mir die notwendige Linderung zu verschaffen, mich anschließend operieren zu lassen und mich danach weitere sechs Monate in das Gipskorsett zu legen. Dies *könnte* den Schmerz lindern, zumindest *teilweise*. Aber garantieren könnten sie mir nichts. Nach alldem könnte es mir auch schlechter gehen. Worst-case-Szenario? Dass ich nie mehr würde gehen können.

Das war nicht gerade das, was ich hatte hören wollen. Es *musste* eine bessere Lösung geben. Also wartete ich, ertrug die Schmerzen und sorgte mich wegen der Risiken einer solchen Operation. Ich fühlte mich in einer unerträglichen Situation gefangen. Alles, was ich tun konnte, schien falsch zu sein.

Doch hauptsächlich quälten mich folgende beiden Fragen: Was verursachte die neuen starken Schmerzen? Und was konnte ich dagegen tun?

Der Zauberer aus Phoenix

Meine Suche nach Antworten führte mich schon bald weit weg von meinem Zuhause in Boston. Während ich über medizinischen Fachzeitschriften brütete, weil ich dort etwas zu finden hoffte, was meine Schmerzen lindern würde, las ich von einem Arzt in Phoenix, Arizona, Dr. Milton Erickson – den »Zauberer aus Phoenix« –, einen bekannten Meister der Körper-Geist-Heilung. Erickson war als Teenager an Polio erkrankt; er hatte dies zwar überlebt, doch im mittleren Lebensalter setzten die Spätfolgen der Polioinfektion seinen Muskeln und Gelenken so stark zu, dass er seither an einen Rollstuhl gefesselt war. Mit der Aussicht auf lebenslange qualvolle Schmerzen konfrontiert beschloss Erickson, durch Selbstexperimente herauszufinden, ob er seine Schmerzen mit der Macht seines Geistes lindern könnte. Und sein Experimentieren war erfolgreich!

Was in den Fachzeitschriften über Ericksons Experimente berichtet wurde, fesselte mein Interesse und erschien mir vielversprechend. Vielleicht hatte ich gefunden, was ich suchte. Wenn es Dr. Erickson gelungen war, seinen Schmerz mithilfe seines Geistes zu bändigen, warum sollte es dann nicht auch mir gelingen? Ich schrieb ihm sofort und schilderte ihm die Geschichte meiner Rückenschmerzen. Dr. Erickson antwortete und lud mich großzügig ein, ihn in seinem Haus in Phoenix zu besuchen und bei ihm zu studieren.

Was dann geschah, war zunächst alles andere als vielversprechend. An dem Morgen, als ich Dr. Erickson aufsuchte, war er sehr schwach und energielos, seine Augen wirkten trübe, sein Gesicht war von Schmerz gezeichnet – und ich war eher um seine Gesundheit besorgt. Dieser vom Schicksal gezeichnete, angeschlagene Mann sollte der legendäre Heiler sein, von dem ich gelesen hatte? Hatte ich den weiten Weg in den Westen vergeblich angetreten?

Dr. Erickson zog sich zurück und ließ sich entschuldigen, doch eine Stunde später, als er mit seinem Rollstuhl zurück in sein Arbeitszimmer fuhr, war er zu meiner Verblüffung offensichtlich hellwach und wieder bei Kräften, fröhlich und mit blitzenden Augen – bereit, mit der Arbeit zu beginnen.

Was genau war geschehen? Wie hatte Dr. Erickson es in so kurzer Zeit geschafft, seine Energie neu zu mobilisieren und wieder »auf die Beine zu kommen«? Etwas wirklich Wunderbares war geschehen. Vielleicht war es kein reiner Zufall, dass Dr. Erickson sich entschieden hatte, in Phoenix zu leben, der Stadt, die nach jenem mythischen Vogel benannt war, der in den Flammen stirbt, um gleich anschließend aus der eigenen Asche wiedergeboren zu werden.

Zwei Jahre lang war ich Dr. Ericksons Patient und Student, und ich habe in dieser Zeit von ihm gelernt, meine Rückenschmerzen zu lindern. Außerdem habe ich unter seiner Anleitung meinen Ph. D. in Psychologie erworben. Danach war ich noch zwei Jahre als eine Art Kotherapeut bei ihm und habe in dieser Zeit mit ihm zusammen selbst Patienten behandelt. In diesen vier Jahren hat er mir seine erstaunlichen Einsichten vermittelt und mir die von ihm entwickelten Methoden beigebracht, nicht nur solche zur Linderung von Schmerz, sondern auch Möglichkeiten zur Arbeit an den verschiedensten emotionalen Problemen. Menschen können sowohl unter körperlichen als auch unter emotionalen Schmerzen leiden – und unter Kombinationen von beiden –, und ich habe mit Dr. Erickson über viele Fälle dieser Art gesprochen und sie mit ihm gemeinsam behandelt.

Dr. Erickson forderte mich auf, meine Studien fortzusetzen und selbst Ideen und Techniken zu entwickeln, sowohl für die Behandlung meines eigenen Problems als auch für die Arbeit mit meinen Patienten. Dieser Respekt vor meiner Fähigkeit, die für mich besten Lösungsmöglichkeiten selbst zu finden, war grundlegend für Dr. Ericksons Philosophie des Heilens und eine der wichtigsten Lektionen, die ich in unserer gemeinsamen Zeit bei ihm lernte. In dieser Hinsicht und in vielen anderen Bereichen waren seine Anleitung und seine Sensibilität für mich sehr inspirierend.

Der innere Arzt

Ebenso inspirierend war Dr. Ericksons revolutionäre Einsicht in den Heilungsprozess. Er hatte folgende Idee entwickelt: Um das Leben zum Positiven zu verändern, müsse man in sich selbst hineinschauen und die vielen eigenen inneren Ressourcen nutzen. Einmal hat er zu mir gesagt, in einer Therapie sei »die wichtigste Aufgabe des Patienten, sein unbewusstes Potenzial zu entwickeln«, und Heilung sei »etwas, das Menschen von sich selbst empfangen«. Diese Äußerungen haben tiefreichende Implikationen. Sie legen nahe, dass nicht nur Ärzte und Therapeuten über die Macht zu heilen verfügen, sondern auch die Patienten. Demnach verfügen wir alle über das, was Albert Schweitzer den »inneren Arzt« genannt hat, der in unserem Unbewussten residiert und uns helfen kann, den für uns besten Weg zu Gesundheit und Glück zu finden.

Durch meine Beschäftigung mit Meditation entdeckte ich, dass »Unbewusstes« und »innerer Arzt« andere Namen für die innere Weisheit, den inneren Lotsen, den inneren Buddha, für die Intuition, die innere Quelle, die Seele war – oder für das, was der irische Dichter W. B. Yeats den »tiefsten Kern des Herzens« genannt hat und was ich den »Wahren Weisen« nennen möchte. Dies ist Ihre wahre, authentische innere Stimme, die Stimme der Selbstfürsorge und Selbstheilung, die Stimme bedingungsloser Liebe, die Sie in Augenblicken der Stille haben flüstern hören, wenn sie nicht unter all den laut zeternden, negativen Stimmen in Ihrem Kopf verstummte, durch die Ihr Problem entstanden ist.

Was ich von Dr. Erickson darüber gelernt habe, wie ich diese weise innere Stimme finden und zu ihr in Verbindung treten kann, und was ich über den Heilungsprozess herausgefunden habe, den ich in den letzten dreißig Jahren selbst entwickelte – dies alles möchte ich Ihnen in diesem Buch vermitteln.

Über Stress und Unterdrückung

Das Erste, was ich von Dr. Erickson lernte, war das Verständnis dafür, welch wichtige Rolle der Unterdrückung von Emotionen bei der Entstehung persönlicher Probleme zukommt. Sie bringt die innere Stimme zum Verstummen. Erickson bezeichnete den Körper als »Gefäß« unterdrückter Emotionen und erklärte, indem wir in Zeiten starker Belastung unsere Gefühle nicht zum Ausdruck brächten, sondern sie bekämpften und in unserem Körper festhielten, schüfen wir die Grundlagen für schwerwiegende körperliche und emotionale Probleme.

Natürlich haben wir alle Stress im Leben, und das ist auch nicht immer schädlich. Stress kann einem sogar helfen, sich zu konzentrieren, zu fokussieren und in schwierigen Situationen die erforderlichen Dinge besonders gut zu machen. Die vorliegenden Untersuchungen zeigen jedoch eindeutig, dass die normalen Belastungen des Alltagslebens (die man als »guten Stress« bezeichnen könnte) tatsächlich erheblichen Schaden anrichten können, wenn wir die Gefühle unterdrücken, die bei uns Schwierigkeiten hervorrufen.

Denken Sie einmal einen Moment darüber nach. Nicht die Schwierigkeiten selbst verstärken den Stress in gefährlicher Weise, sondern die Tatsache, dass wir *die Gefühle unterdrücken, die wir angesichts unserer Schwierigkeiten haben.*

Während meiner Studienzeit und in meiner eigenen therapeutischen Praxis habe ich gelernt, was für ein großes Problem Stress im Leben von Menschen ist. Einer Harvard-Studie aus dem Jahre 1994 zufolge hängen 60 bis 90 Prozent aller Arztbesuche in irgendeiner Form mit Stress zusammen. Auch eine von *Kaiser Permanente* in San Diego, CA, durchgeführte Studie zeigt, dass »chronischer Stress«, der durch problematische Kindheitserlebnisse (*adverse childhood experiences* – »ACE«) in der Ursprungsfamilie hervorgerufen wird, weitaus häufiger vorkommt, als die meisten Ärzte annehmen, und dass diese Erlebnisse stark mit zahlreichen später im Leben auftretenden körperlichen und emotionalen Problemen korrelieren, von Fettleibigkeit über Alkoholismus bis zu Depression. (Mit dieser aussagekräftigen ACE-Studie werde ich mich im nächsten Kapitel gründlicher beschäftigen.) Und ich werde natürlich in meiner Praxis Tag für Tag mit einer großen Zahl körperlicher und emotionaler Probleme konfrontiert, die durch Stress und die Unterdrückung von Emotionen verursacht werden.

Im Zweifelsfall tiefer graben

Mein eigenes Leben war mein erstes und bestes Fallbeispiel. Dr. Erickson sagte oft zu mir: »Graben Sie im Zweifelsfall tiefer«, und mit seiner Hilfe gelang es mir, tiefer in mein Leben hineinzuschauen und meine Gefühle zu erforschen. Und als ich anfing, meiner heilenden inneren Stimme zu lauschen, wurde mir schließlich auch klar, dass meine Rückenschmerzen nicht wegen eines körperlichen Problems so stark geworden waren, sondern wegen starkem Stress – verursacht durch zwei zutiefst erschütternde Ereignisse, an denen meine Ursprungsfamilie zerbrochen war.

Erstmals stärker wurden meine Schmerzen in der Highschool-Zeit, und zwar als meine Eltern beschlossen, sich scheiden zu lassen. Vollends zur Hölle wurde meine familiäre Situation jedoch dadurch, dass meine Mutter an ALS (Amyotrophe Lateralsklerose) erkrankte und ich mit ansehen musste, wie sie in der Blüte ihres Lebens dahinsiechte. Während dieser schrecklichen Jahre fühlte ich mich ungeheuer gestresst, und ich wurde von Wut, Traurigkeit, Schuldgefühlen und Frustration unvorstellbarer Stärke heimgesucht.

Doch ich gab nie auf. Ich versuchte, der stoische New-England-Bürger zu bleiben und meine Gefühle unter Kontrolle zu halten. Angesichts der Scheidung wollte ich mich wie ein Erwachsener benehmen, und für meine Mutter mit ihrer unheilbaren Krankheit wollte ich stark bleiben, statt ständig zu heulen.

Heute weiß ich, dass mein Körper dafür einen hohen Preis bezahlt hat. Nicht nur meine Rückenschmerzen wurden unerträglich, sondern ich nahm auch dramatisch zu – was mir nur dieses eine Mal im Leben passiert ist.

Zuerst geschehen die Dinge im Inneren

Dies war also die Antwort auf meine erste Frage: Was hat meinen Schmerz verursacht? Eindeutig der Stress und die Anspannung, die durch jahrelanges Unterdrücken von Gefühlen entstanden waren. Schön und gut. Nun hatte ich zwar diesen Zusammenhang verstanden, aber meine zweite Frage war immer noch nicht beantwortet: Was konnte ich an meinem Zustand ändern?

Das ist die entscheidende Frage, auf die es eine allgemeine und eine spezifische Antwort gibt.

Zunächst erläutere ich die allgemeine Antwort. Wenn Sie Ihren (physischen oder emotionalen) Schmerz überwinden, Ihr Leben wieder in die eigenen Hände nehmen, Ihr Selbstvertrauen wiederfinden und sich erneuern wollen, müssen Sie lernen, der Stimme Ihrer inneren Weisheit zuzuhören.

Überall, wo ich Seminare veranstalte – und das tue ich nicht nur in den Vereinigten Staaten, sondern auch in Indien, Deutschland, Frankreich, den Niederlanden, Japan und vielen anderen Ländern –, beginne ich gerne mit dem Satz: »Zuerst geschehen die Dinge im Inneren, erst später werden sie nach außen sichtbar.« Dies ist auf einen einfachen Nenner gebracht die Erkenntnis, dass Sie im Leben nur dann dauerhafte Verbesserungen – ihrer körperlichen und emotionalen Gesundheit, Ihres Lebens in Beziehungen, Ihrer beruflichen und Ihrer der Erholung dienenden Aktivitäten erreichen können, wenn Sie zunächst lernen, sich selbst besser zu behandeln.

Indem Sie lernen, für sich selbst zu sorgen, sich selbst zu unterstützen, mit sich selbst Freundschaft zu schließen oder sich selbst zu lieben – für sich selbst da zu sein, *was immer geschehen mag* –, stärken Sie Ihre innere Stimme und machen Erfolg in allen Bereichen Ihres Lebens nicht nur möglich, sondern unvermeidbar.

Ich bin der lebende Beweis für diese These. Als ich anfing, meine Gefühle zu erkennen, mich zu bestärken und an meinem körperlichen und emotionalen Schmerz zu arbeiten, war es, als würde mir eine Last vom Rücken genommen. Schon nach wenigen Wochen fühlte ich mich zu meiner völligen Verblüffung besser. Nach sechs Monaten war ich praktisch schmerzfrei, und mein Gewicht hatte sich normalisiert. Dies alles erscheint mir immer noch wie ein Wunder.

Für sich arbeiten

Allerdings ist es nicht leicht, eine solche neue und gesündere Beziehung zu sich selbst aufzubauen. Körperliche und emotionale Probleme – nicht nur physische Schmerzen, sondern auch Begierden und Zwänge aller Art (z. B. Sucht nach Essbarem, Alkohol, Zigaretten und Sex) sowie Furcht, Angst, Wut, Traurigkeit, Schuldgefühle, Eifersucht, Trauer, Schlaflosigkeit … die Liste ließe sich beliebig lange fortsetzen – können Menschen täglich heimsuchen, oft viele Male am Tag, und sie können einen überwältigen und einem jedes Selbstvertrauen und Glück rauben. Einzeln oder in Kombinationen (beispielsweise Essensgelüste in Verbindung mit Schuldgefühlen) attackieren diese Probleme Geist und Körper ohne jede Vorwarnung und übernehmen zeitweise die Kontrolle über das Leben.

Also noch einmal: »Wie können Sie sich solchen komplexen Herausforderungen stellen, die Macht Ihrer inneren Stimme entdecken und sich heilen?«

Die spezifische Antwort lautet, dass Sie anfangen müssen, *für* sich statt *gegen* sich zu arbeiten, indem Sie das lernen, was ich »Die innere Stimme finden« nenne.

Die Methode

Die Methode, die ich FINDE DEINE STIMME nenne, basiert auf dem Wissen, das ich im Laufe meiner dreißigjährigen Tätigkeit als Berater für persönliche Transformation gesammelt habe. Dieses Wissen stammt also nicht nur von Dr. Erickson, sondern auch von vielen anderen begnadeten Lehrern auf der ganzen Welt. Und nicht nur meine persönliche Erfahrung als Patient und Therapeut hat dazu beigetragen, sondern auch meine Beschäftigung mit Meditation, Selbsthypnose, NLP (Neurolinguistisches Programmieren), *The Secret* und vielen anderen Methoden der Selbsthilfe und der Körper-Geist-Heilung.

Ich habe viele Jahre damit zugebracht, meinen gesammelten Wissens- und Erfahrungsschatz zur Entwicklung einer einfachen, schnell wirkenden und effektiven Methode zu nutzen.

Im Folgenden werde ich beschreiben, wie man jedes körperliche oder emotionale Problem erfolgreich bewältigen kann. Sie brauchen dafür täglich nur ein paar Minuten – so oft wie erforderlich, um die folgenden drei Schritte zu durchlaufen.

Schritt 1: Das Problem erleben

Zunächst müssen Sie aufhören, Ihr Problem loswerden zu wollen. Das führt nie zu etwas und ist sogar kontraproduktiv – denn je angestrengter Sie versuchen, Ihr Problem durch eine Art »Reparatur« aus der Welt zu schaffen, desto stärker wird es. Besser ist es, wenn Sie zunächst ausdrücklich darauf fokussieren, wie Sie Ihren Schmerz, Ihre Gelüste, Ihre Furcht, Ihre Traurigkeit usw. erleben. Machen Sie sich Ihrer problematischen Gedanken, Gefühle und Empfindungen vollständig *bewusst* – und zwar alle Aspekte des Problems. Und dann lassen Sie sich einfach darauf ein, Ihr Erleben so zu *akzeptieren*, wie es ist. Und schließlich müssen Sie noch eine ganz persönliche Art und Weise finden, alles, was Sie denken und fühlen, *auszudrücken* – sagen Sie alles, was Sie denken und fühlen, zu sich selbst, schreiben Sie es auf, agieren Sie es in Ihrer Vorstellung aus. Wenn Sie tief nach innen gehen und Ihr Problem durch und durch erleben, merken Sie, wie es sich anfühlt, mit Ihrem wahren, authentischen Selbst in Kontakt zu sein, und dieser Kontakt stärkt die Stimme Ihrer inneren Weisheit.

Schritt 2: Das Problem beurteilen

Als Nächstes müssen Sie konstruktiv mit Ihrem inneren Richter umgehen, also der selbstkritischen Stimme in Ihrem Kopf, die ja schnell bei der Hand ist, Ihnen Vorwürfe zu machen und Sie für Ihre Fehler und Unvollkommenheiten zu bestrafen – sogar dafür, dass Sie überhaupt ein Problem haben. Als Gegenposition zu Ihrer heilenden inneren Stimme ist Ihr innerer Richter die unermüdlich aktive Stimme Ihrer gesellschaftlichen/familiären Prägung, die Ihnen so nachhaltig und tief eingepflanzt wurde, dass Sie sie nicht mehr loswerden können. Wenn Sie versuchen, gegen den inneren Richter zu kämpfen, wird sein Einfluss auf Sie noch größer – Sie *richten* dann den Richter –, und das macht ihn noch stärker. Wie in Schritt 1 ist es auch in diesem Fall besser, Ihres inneren Richters *bewusst* zu werden, ihn zu *akzeptieren* und ihn *auszudrücken.* Nur indem Sie ihn annehmen und *mit* ihm zusammenarbeiten, können Sie diesen kontrollsüchtigen, übermäßig analytischen, nie zufriedenen und ständig feindseligen Teil Ihres Geistes dazu bringen, sich zu entspannen.

Schritt 3: Das Problem auflösen

Und während Sie all Ihren Schmerz und Ihre Negativität erleben und sich um ein positives Verhältnis dazu bemühen – während Sie all die Gedanken, Gefühle und selbstkritischen Regungen annehmen, die Ihr Problem erst zum Problem machen –, entwickeln Sie spontan eine neue, liebevollere Beziehung zu sich. Diese neue Sicht lässt die vielen lauten Stimmen in Ihrem Geist verstummen, sodass Sie fast augenblicklich Ihre authentische Stimme, Ihre tiefe Intuition, Ihren wahren Weisen hören. Diese Stimme ist der wahre Ursprung Ihrer Heilkraft – der Ort, von dem die besten Antworten stammen. Und sobald Sie gelernt haben, Ihrer inneren Stimme zu lauschen, können Sie sich schnell und mühelos kreative Möglichkeiten zur Lösung Ihres Problems vorstellen. Neue Ideen, die Gesundheit und Glück fördern, tauchen ohne Ihr Zutun aus Ihrem Unbewussten auf. Und je länger Sie zuhören, umso stärker lösen sich Ihre Begierden, Ihr Schmerz und Ihre Angst – was auch immer Ihr Problem war – in nichts auf. Es ist wirklich wie ein Wunder – und ich verwende den Begriff »Wunder« keineswegs besonders häufig.

Das ist schon alles, was Sie tun müssen: 1 – 2 – 3. In den nächsten drei Kapiteln wird genau erklärt, *wie* Sie diese drei Schritte ausführen können, und Sie lernen darin viele Ideen, Übungen und Techniken kennen, die Ihnen helfen, zu Ihrer heilenden inneren Stimme in Kontakt zu treten. Schon bald werden Sie in der Lage sein, den beschriebenen Prozess in kürzester Zeit auszuführen, und Sie werden die Zuversicht entwickeln, wie Sie mit Ihren Problemen fertig werden können, statt sich von ihnen zum Sklaven machen zu lassen.

Ein Kinobesuch

Um die Methode FINDE DEINE STIMME noch verständlicher zu machen, wird nun eine einfache Möglichkeit beschrieben, die drei Schritte dieses Prozesses in Form einer Visualisierung zu vollziehen.

Wenn Sie sich mit einem körperlichen oder emotionalen Problem konfrontiert sehen, dann nehmen Sie sich ein paar Minuten Zeit, und ziehen sich an einen Ort zurück, wo Sie allein sind. Machen Sie es sich bequem und atmen Sie ein paar Mal tief, sodass der Atem etwas in Ihnen löst. Schließen Sie die Augen und stellen Sie sich vor, Sie befinden sich in einem verdunkelten Kino und schauen sich den Film Ihres Lebens an …

Teil 1: Auf der Leinwand

Auf der großen Leinwand ist die Szene zu sehen, die im Moment Ihre ganze Kraft beansprucht – vielleicht eine Situation aus Ihrem Berufsleben oder ein Problem, das Ihre Familie oder Freunde betrifft. Vielleicht plagt Sie eine starke Begierde oder ein starker Schmerz; oder Sie durchleben eine kürzliche Angstattacke oder einen Wutausbruch noch einmal. Was das Problem auch sein mag: Lassen Sie in jedem Fall zu, dass Sie voll und ganz erleben, was in Ihrem Lebensfilm geschieht. Lassen Sie die Szene an sich vorüberziehen. Spüren Sie sich in Ihrer Hauptrolle und in der Interaktion mit den übrigen Mitwirkenden. Hören Sie sich zu, wie Sie Ihre Gedanken und Gefühle zum Ausdruck bringen – so, wie Sie Ihnen in den Sinn kommen.

Teil 2: Aus der fünfzehnten Reihe

Nachdem Sie die Szene, in der Ihr Problem zum Ausdruck kommt, nochmals haben ablaufen lassen, verändern Sie die Fokussierung Ihrer Aufmerksamkeit, indem Sie sich vorstellen, Sie sähen die Szene aus der 15. Reihe des Kinos, ungefähr in der Mitte zwischen Projektionsleinwand und Rückwand des Saals. Dort in der 15. Reihe sitzt der Kritiker Ihres inneren Films, und dieser skeptische, ständig urteilende, perfektionistische und kontrollbesessene Teil von Ihnen drängt darauf, Ihnen alles zu sagen, was er an Ihrem Film und an Ihnen selbst auszusetzen hat: »Was ist nur mit dir los?«… »Kannst du nicht einfach damit aufhören?«… »Du weißt doch selbst, dass das zu nichts führt.« Ihr innerer Kritiker ist ein zu fester Bestandteil dessen, was in Ihrem Inneren vor sich geht. Er ist schon viel zu lange bei Ihnen, als dass Sie ihn zum Schweigen bringen könnten. Wenn Sie Ihren inneren Kritiker zu ignorieren, zu leugnen oder loszuwerden versuchen (das heißt: wenn Sie Ihren Kritiker kritisieren), machen Sie ihn noch stärker und bleiben in der fünfzehnten Reihe sitzen. Besser wäre, wenn Sie Ihren inneren Kritiker anerkennen, sich mit ihm anfreunden und ihn sagen lassen würden, was er zu sagen hat.

Teil 3: Von der letzten Reihe aus

Wenn Sie genug davon haben, sich selbst fertigzumachen, dann verlassen Sie den Platz Ihres inneren Kritikers und begeben Sie sich in die letzte Reihe des Kinosaals. Dort – in angenehmer Distanz zum Geschehen, aber immer noch daran beteiligt – können Sie tief durchatmen und Ihre wahre, authentische innere Stimme hören. Von der letzten Reihe aus können Sie sich Ihren Lebensfilm ruhiger anschauen und dem inneren Kritiker in der fünfzehnten Reihe mitfühlender zuhören. Von der letzten Reihe aus können Sie Ihr Leben liebevoller, kreativer und aus einer weiteren und weiseren Perspektive betrachten. Außerdem können Sie von der letzten Reihe aus erkennen, dass die Herausforderung, mit der Sie sich konfrontiert sehen, kein Problem mehr ist, dass Sie zurückhält, sondern eine Brücke zur Heilung, die Ihnen hilft, sich weiterzuentwickeln.

Die Freude, Sie *selbst* zu sein

Wenn Sie diese drei Schritte erlernen – die aktuelle Herausforderung zu erleben, sie zu beurteilen und sie schließlich aufzulösen –, können Sie bald zur heilenden Stimme Ihrer inneren Weisheit in Kontakt treten. Wenn Sie lernen, Ihre innere Stimme zu finden, erleben Sie bald wieder die Freude, *Sie selbst* zu sein.

Sie brauchen dies nicht aufzuschieben, und Sie brauchen nicht auf ein bestimmtes Lebensalter oder Ereignis zu warten. Sie verändern sich nicht plötzlich innerlich, weil Sie dreißig, vierzig, fünfzig, sechzig, siebzig, achtzig oder neunzig Jahre alt werden – es hat nichts mit dem Alter zu tun. In Ihnen verändert sich nicht plötzlich etwas, weil Sie umziehen, sich scheiden lassen, sich eine neue Arbeit suchen, ein Examen bestehen oder mit einer Geburt oder einem Todesfall konfrontiert sind.

Die Dinge verändern sich, weil Sie beschließen, glücklicher und gesünder zu leben. Dinge verändern sich, weil Sie sich vornehmen, sich selbst fortan wie einen Menschen zu behandeln, der seine Würde und seinen Wert hat. Dinge verändern sich, weil Sie Ihre Stimme finden und anfangen, zu sich selbst »ja« zu sagen.

Es muss ein großes »Ja« sein – ein totales, von ganzem Herzen kommendes »Ja!«. Um Ihre Stimme zu entdecken, brauchen Sie Engagement. Sie müssen sich darum bemühen, Sie müssen sich darum kümmern und Sie benötigen Energie, Kreativität und Liebe. Außerdem erfordert es Mut – den Mut, sich mit Ihren Problemen auseinanderzusetzen, sich selbst mit allen Fehlern zu akzeptieren und wiederzuentdecken, wer Sie tief innen wirklich sind.

Doch wenn Sie Mut gefasst, sich Ihrem Ziel verpflichtet und sich dann eine Weile der Suche nach der eigenen inneren Stimme gewidmet haben, wird sich bald eine Veränderung einstellen, und Sie werden mühelos in Ihr wahres Sein eintreten. Sie werden dann allmählich merken, wie es sich anfühlt, zentrierter zu sein, entspannter und zuversichtlicher zu sein und stärker mit dem Leben in Einklang zu stehen – sich in einem wunderbaren Fluss zu befinden, der frühere Probleme in zukünftige Erfolge verwandelt. Trotz aller Rückschläge und Missgeschicke – die nicht zu vermeiden sind – werden Sie sich wieder wie ein Ganzes fühlen, lebendig, gesund und durch nichts daran gehindert, Ihr Leben zu leben.

Mittlerweile sind über dreißig Jahre vergangen, seit ich mich entschieden habe, etwas über Körper-Geist-Heilung zu lernen, statt mich zu einem Spinalchirurgen ausbilden zu lassen. Und seitdem habe ich fast nie mehr unter den Schmerzen gelitten, die meine Kindheit getrübt und mich als Teenager gequält haben. Ich kann heute joggen, ins Fitnessstudio gehen, Tennis und Golf spielen und durch die Welt reisen, um anderen Menschen beizubringen, wie sie sich selbst helfen können.

Und, ja, auch ich übe mich jeden Tag darin, meine innere Stimme zu finden.

1 Das Problem erleben

Das erste Prinzip meiner Methode Finde deine Stimme lautet: Es ist sinnlos zu versuchen, die eigene Situation zu »reparieren« oder das Problem irgendwie »loszuwerden«. Tatsächlich werden Ihre Schwierigkeiten durch die Zeit, das Geld und die Mühe, die Sie aufwenden (in Form von Therapie, Medikamentenkonsum, Seminarteilnahme usw.), um Ihr Problem loszuwerden, noch verstärkt. Tun Sie aber das Gegenteil – indem Sie Ihr Problem so intensiv und vollständig wie möglich zu erleben versuchen –, erzielen Sie eine schnelle, spontane und dramatische Verbesserung.

Die 30 Jahre meiner Studien und meine Arbeit mit Tausenden von Patienten (mich selbst eingeschlossen) haben mich davon überzeugt, dass die Lösung eines Problems tief im Problem selbst liegt. Anders ausgedrückt: Jedes Problem kann eine Brücke sein, die zu seiner Lösung führt. Deshalb sollten Sie, statt das Quälende noch stärker zu unterdrücken und noch intensiver dagegen anzukämpfen, eine andere Richtung einschlagen und anfangen, Ihr Problem vollständig anzunehmen, (1) indem Sie sich völlig *bewusst* machen, was Sie erleiden, (2) indem Sie sich so *akzeptieren*, wie Sie sind, und (3) indem Sie auf gefahrlose Weise und in einem geschützten Raum all jene Gedanken und Gefühle *ausdrücken*, die Ihnen die größten Schwierigkeiten bereiten.

Ganz gleich, ob es in Ihrem Fall um Schmerzen, eine Sucht, Angst, Wut oder Depression geht oder um irgendein anderes körperliches, emotionales oder verhaltensbasiertes Problem: Je intensiver Sie versuchen, Ihr Problem zu erleben, umso lauter hören Sie die heilende Stimme Ihrer inneren Weisheit.

»Sollen« kann üble Folgen haben

Zur Veranschaulichung dieses Aspekts möchte ich Ihnen von einer meiner Klientinnen, Diane, berichten.

Als ich mich mit Diane zum ersten Mal in meiner Praxis unterhielt, war mir sofort klar, dass sie stark unter inneren Forderungen litt. Sie bekam heftige Panikattacken, und in Phasen, in denen sie spürte, dass eine Panik heraufzog, tat sie alles, was in ihrer Macht stand, um ihre beunruhigenden Gedanken und Gefühle – die ihre Ängste auslösten – abzuwehren und nur solche zuzulassen, die sie haben *sollte* – also diejenigen, die sie billigte. Sie beharrte darauf: »Ich *sollte* nur empfinden, was ich empfinden *sollte*, und nur das akzeptieren, was man akzeptieren *sollte*.« Sie glaubte fest daran, dass sie sich auf diese Weise von ihrer Angst befreien könnte – dass sie so *ihre Dämonen bezwingen* könnte, wie sie es ausdrückte. Wenn es ihr gelänge, ihre Gedanken und Gefühle zu steuern und nur die guten und positiven zuzulassen, »wäre das Leben wunderbar, und ich könnte den Weg gehen, der mir selbst am Herzen liegt«, erklärte sie.

Diane war sehr intelligent, aber trotz intensiver Bemühungen, nur zu denken und zu fühlen, was sie denken und fühlen *sollte*, kam sie mit dieser Methode nicht weiter – und das war ihr klar. Sie bezeichnete sich als »Hamster im Laufrad«, der immer schneller trat und sich immer mehr anstrengte, sich aber trotzdem immer nur im Kreis bewegte. Sie fragte sich sogar, ob ihr »sollte« die Situation noch verschlimmern würde. Sie erklärte mir: »Je länger ich mich im Kreis bewegte, umso tiefer versank ich in Verzweiflung.«

Wie viele andere Menschen, mit denen ich gearbeitet habe, gab auch Diane sich große Mühe, mit einem persönlichen Problem fertig zu werden, doch tat sie dies auf eine kontraproduktive Weise. Wie schon gesagt: Gegen die Herausforderung, mit der Sie sich konfrontiert sehen, anzukämpfen – ganz gleich, mit wie viel Selbstkontrolle, Willenskraft oder positiver Absicht Sie an diese Aufgabe herangehen – führt zu nichts. Die Energie, die Sie in diesen Kampf investieren, richtet sich nur gegen Sie selbst.

Ich möchte Dianes Problem hier nicht verniedlichen, aber es ähnelte sehr stark der bekannten chinesischen Fingerfalle – jenem simplen Spiel, bei dem man die beiden Zeigefinger in die beiden Enden eines kleinen aus Bast geflochtenen Schlauchs steckt. Es geht darum, die Zeigefinger wieder herauszuziehen. Doch je doller man zerrt, umso enger zieht sich der Schlauch um die Finger. Um sich aus dieser Falle zu befreien, muss man das Gegenteil tun: die Finger behutsam aneinanderdrücken, bis sich das Geflecht lockert und man die Finger herausziehen kann.

Sich mit dem Fluss der Dinge bewegen

Die chinesische Fingerfalle ist nur ein Kinderspiel, der Pazifische Ozean hingegen bietet uns ein wesentlich eindrucksvolleres Beispiel für das, worum es uns hier geht.

Ich schwimme sehr gern im Meer in der Nähe unseres Hauses in Südkalifornien, weiß aber auch, wie gefährlich das besonders im Winter sein kann, wenn der Sturm extrem hohe Wellen aufpeitscht. Wenn die Wellen besonders riesig sind und auf dem Meeresboden breite Gräben pflügen, bilden sich unter der Wasseroberfläche manchmal starke Rückströmungen, die das durch die Brandung angespülte Wasser mit großer Kraft ins Meer zurücksaugen. An den meisten Stränden in dieser Gegend gibt es ein paar sehr gefährliche Stellen, wo jedes Jahr Schwimmer vom zurückströmenden Wasser ins offene Meer gerissen werden. Viele von ihnen müssen von Strandwächtern gerettet werden, aber es ertrinken auch immer wieder Menschen.

Das Problem ist, dass die meisten Menschen, die sich plötzlich in einer so starken Strömung befinden, instinktiv versuchen, gegen sie anzuschwimmen. Doch das gelingt fast nie. Meist ziehen solche Strömungen die Betroffenen immer weiter in tieferes Wasser hinaus. Man kämpft und kämpft, um dem Sog zu entkommen, hat aber nicht genügend Energie dafür. Und weil man so verbissen kämpft, ist man irgendwann völlig erschöpft … und das macht die Lage natürlich auch nicht gerade besser.

Nur wenige wissen, wie man in der Brandung eine Rückströmung erkennt, und die Zahl derjenigen, die wissen, wie man ihr entkommen kann, ist noch kleiner. Es gibt aber eine sehr einfache Technik, die Strandwächter Schwimmern für den Umgang mit Rückströmungen beibringen – und viele Menschen sind völlig verblüfft, wenn ihnen klar wird, wie simpel sie ist.

Wenn Sie merken, dass eine Strömung Sie erfasst hat, kämpfen Sie nicht panisch dagegen an, sondern lassen Sie sich mit der Strömung treiben – oder schwimmen Sie sogar in Richtung der Strömung –, denn auf diese Weise werden Sie sich bald ohne Probleme daraus befreien können.

Die Strömung ist nämlich im flachen Wasser in Ufernähe am stärksten und wird im tieferen Wasser schwächer. Irgendwann ist sie so schwach, dass Sie sich daraus befreien können. Sie brauchen also gar nicht zu *kämpfen*, um ihr zu entkommen, sondern entkommen ihr automatisch, wenn Sie sich nicht wehren. Sie brauchen dann nur noch ein wenig seitlich zu schwimmen, damit Sie nicht wieder in die Strömung geraten, und können problemlos ans Ufer schwimmen.

An diese wunderbare Lektion, die das Meer lehrt, sollten Sie sich erinnern, wenn Sie mit einer physischen oder emotionalen Herausforderung konfrontiert sind. Statt gegen Ihre innere Strömung anzukämpfen und in Ihren Gedanken und Gefühlen zu ertrinken, können Sie auch »dem Fluss folgen«.

Wenn Sie also beispielsweise Angst haben, traurig oder wütend sind, den Drang verspüren, sich mit Essen vollzustopfen, oder unter Schmerzen leiden, dann tauchen Sie einfach in Ihr Gefühl ein. Denn auf diese Weise können Sie sich am schnellsten daraus befreien. Die Empfindung, die Ihnen zu schaffen macht, ist dann in wenigen Minuten wieder verschwunden. Wenn Sie tief in das Gefühl eintauchen und sich davon tragen lassen, können Sie sich bald wieder befreien, und Sie sind nicht erschöpft, sondern haben neue Energie zur Verfügung, weil Sie nicht gegen Ihr Problem angekämpft haben. Es ging nicht darum, zu kämpfen oder Widerstand zu leisten. Sie haben auch nicht so getan, als hätten Sie das Gefühl gar nicht. Und Sie haben das Gefühl nicht unterdrückt, um sich nicht damit auseinandersetzen zu müssen. Sie haben zugelassen, dass Sie das Gefühl vollständig und ohne jeden Vorbehalt erleben, und dadurch ist es in kürzester Zeit ohne Ihr Zutun schwächer geworden und schließlich völlig verschwunden, und am Ende konnten Sie sich kaum noch daran erinnern, wie es für Sie war, es zu haben. Schon bald können Sie wieder in den normalen Alltag zurückkehren und fragen sich dann, was die ganze Aufregung eigentlich sollte.

Den Ursprung erforschen

Die großen Wellen, die Strömungsgräben ausspülen, entstehen Tausende von Meilen entfernt mitten im Meer. In ebenso weiter Ferne sind unsere inneren Strömungen entstanden – meist infolge von Erlebnissen in längst vergangenen Lebensphasen. Fast immer liegen die Wurzeln der Probleme, mit denen wir als Erwachsene zu kämpfen haben, in der Kindheit oder Jugend. Manchmal handelt es sich um traumatische Erlebnisse, aber meist um chronische familiäre Muster, die uns belasten und die wir jahre- oder jahrzehntelang vermieden, geleugnet, unterdrückt oder ignoriert haben.

Deshalb sollten die Bemühungen, Ihre aktuellen Probleme vollständig zu erleben, eine Untersuchung ihres Ursprungs einschließen – jener belastenden Episoden aus Ihrer Kindheit, durch die Ihre Begierden, Angst oder Furcht, Ihr Schmerz oder Ihre Verzweiflung usw. entstanden sein könnten. Mit anderen Worten: Wenn Sie sich den Film anschauen, in dem Ihr Problem geschildert wird, ist es nützlich, durch Untersuchung der Vorgeschichte herauszufinden, wie, wann und wo die Szene, die Ihr heutiges Problem darstellt, entstanden ist.

Nun möchte ich Ihnen, bevor Sie mit dieser Arbeit beginnen, noch ein paar wichtige Gedanken ans Herz legen.

1. Legen Sie Ihr Ziel schriftlich fest. Beginnen Sie ein *Finde-deine-Stimme*-Tagebuch, und notieren Sie sich darin: »Ich will besser verstehen, warum ich angefangen habe, …« Das Ziel, das Sie verfolgen, sollte möglichst konkret sein (beispielsweise »… warum ich angefangen habe, mich zu überfressen«, »mich zu fürchten«, »zu trinken«, »Rückenschmerzen zu haben« usw.), und es sollte für alle Möglichkeiten offen sein.
2. Bedenken Sie, dass es um Probleme geht, mit denen Sie sich nur ungern befassen. Machen Sie sich klar, dass dies für Sie eine große Herausforderung ist, statt diese Tatsache zu leugnen und so zu tun, als sei alles in bester Ordnung. Erlauben Sie sich, darüber nachzudenken, welche Folgen die bevorstehende Auseinandersetzung für Sie haben könnte. Wenn Sie sich selbst bewusst gestatten, gegenüber den bisher verborgenen Fakten offen zu sein, erkennen Sie vielleicht neue Möglichkeiten, wie Sie den bewussten Widerstand gegen eine Veränderung auflösen können.
3. Versuchen Sie, sich darüber klar zu werden, wann Sie sich einem für Sie wichtigen Thema nähern. Halten Sie dann einen Moment inne, und machen Sie sich bewusst, was vor sich geht. Führen Sie ein Gespräch mit sich selbst (hörbar oder im Stillen), und notieren Sie alle Einfälle (Wörter und Ideen), die Ihnen helfen könnten, Dinge, die Ihnen wichtig erscheinen, besser zu verstehen. So geben Sie Ihrer weisen inneren Stimme die Möglichkeit, gehört zu werden.

4. Machen Sie die Arbeit an der Entwicklung von Selbstgewahrsein zu Ihrer obersten Priorität. Entwickeln Sie einen Zeitplan für die Erforschung Ihres Inneren – nehmen Sie sich fest vor, täglich einmal oder zweimal oder so oft wie möglich daran zu arbeiten. Sie selbst entscheiden, wie oft und wie lange Sie sich damit befassen können. Dabei sollten Sie im Auge behalten, dass Sie in Ihrem Leben eine wichtige Veränderung erreichen wollen.

Die ACE-Studie

Um Ihnen den Beginn der Arbeit zu erleichtern, bitte ich Sie nun, den folgenden Fragebogen durchzuarbeiten. Er wurde von Dr. Vincent J. Felitti und Dr. Robert F. Anda im Rahmen ihrer Studie *Adverse Childhood Experiences* (ACE) entwickelt (Anda et al. 2012), die ich schon in der Einleitung erwähnt haben. Nehmen Sie sich genügend Zeit, um über die Antworten gründlich nachzudenken.

Wie hoch ist Ihr ACE-Wert?

Die folgenden Fragen beziehen sich auf die Zeit vor Ihrem achtzehnten Geburtstag.

Wundern Sie sich nicht, wenn Sie einige dieser Fragen mit Ja beantwortet haben – Sie sind damit nicht allein. Das verblüffende Resultat der ACE-Studie war, dass von 17.000 Angehörigen der bürgerlichen Mittelklasse in einer ethnisch ausgewogenen Stichprobe fast *zwei Drittel* einen ACE-Wert von 2 oder mehr hatten und einer von sechs Teilnehmern sogar einen Wert von 4 und mehr! Demnach sind Kindesmissbrauch bzw. -misshandlung, familiäre Dysfunktion und Vernachlässigung durch die Eltern wesentlich häufiger, als Mediziner dies bisher annahmen – wahrscheinlich (so meinen die Autoren der Studie), weil

1. Hat Ihr Vater, Ihre Mutter oder ein anderer Erwachsener aus dem Umfeld, in dem Sie aufgewachsen sind, *oft* oder *sehr oft* …

   … Sie beschimpft, beleidigt, herabgesetzt oder gedemütigt?

   oder

   … auf eine Weise gehandelt, die bei Ihnen die Angst erzeugt hat, Sie könnten körperlich verletzt werden?

   Ja ☐ Nein ☐ Wenn ja, tragen Sie hier eine 1 ein _____

2. Hat Ihr Vater, Ihre Mutter oder ein anderer Erwachsener in dem Haushalt, in dem Sie aufgewachsen sind, Sie *oft* oder *sehr oft* …

   … gestoßen, gepackt, geschlagen oder etwas nach Ihnen geworfen?

   oder

   … Sie *jemals* so kräftig geschlagen, dass Sie blaue Flecken bekamen oder verletzt wurden?

   Ja ☐ Nein ☐ Wenn ja, tragen Sie hier eine 1 ein _____

3. Hat ein Erwachsener oder jemand, der mindestens fünf Jahre älter als Sie war, *jemals* …

   … Sie sexuell berührt oder liebkost oder Sie dazu gebracht, seinen/ihren Körper zu berühren?

   oder

   … versucht, mit Ihnen oral, anal oder vaginal sexuell zu verkehren?

   Ja ☐ Nein ☐ Wenn ja, tragen Sie hier eine 1 ein _____

4. Haben Sie *oft* oder *sehr oft* das Gefühl gehabt, dass …

   … niemand in Ihrer Familie Sie geliebt oder für wichtig oder einen besonderen Menschen gehalten hat?

   oder

   … die Mitglieder Ihrer Familie sich nicht umeinander gekümmert haben, sich einander nicht nahe gefühlt oder sich nicht gegenseitig unterstützt haben?

   Ja ☐ Nein ☐ Wenn ja, tragen Sie hier eine 1 ein _____

5. Hatten Sie *oft* oder *sehr oft* das Gefühl, dass …
   … Sie nicht genug zu essen hatten, schmutzige Kleidung anziehen mussten und niemanden hatten, der Sie beschützte?
   oder
   … Ihre Eltern zu betrunken waren oder high waren, um sich um Sie zu kümmern und mit Ihnen zum Arzt zu gehen, wenn dies nötig war?
   Ja ☐ Nein ☐ Wenn ja, tragen Sie hier eine 1 ein _____

6. Haben Sie *jemals* einen biologischen Elternteil durch Scheidung oder Trennung verloren oder dadurch, dass derjenige aus sonstigen Gründen verschwunden ist?
   Ja ☐ Nein ☐ Wenn ja, tragen Sie hier eine 1 ein _____

7. Ist Ihre Mutter oder Stiefmutter …
   … *oft* oder *sehr oft* geschubst, gepackt, geschlagen oder mit etwas beworfen worden?
   oder
   … *manchmal*, *oft* oder *sehr oft* getreten, gebissen, mit einer Faust oder einem harten Gegenstand geschlagen worden?
   oder
   … *jemals* wiederholt mindestens einige Minuten lang geschlagen oder mit einer Schusswaffe oder einem Messer bedroht worden?
   Ja ☐ Nein ☐ Wenn ja, tragen Sie hier eine 1 ein _____

8. Haben Sie mit jemandem zusammengelebt, der ein Problemtrinker oder Alkoholiker war oder Drogen konsumierte?
   Ja ☐ Nein ☐ Wenn ja, tragen Sie hier eine 1 ein _____

9. War ein Mitglied des Haushalts, in dem Sie aufgewachsen sind, depressiv oder psychisch krank oder hat versucht, sich umzubringen?
   Ja ☐ Nein ☐ Wenn ja, tragen Sie hier eine 1 ein _____

10. Hat jemand aus dem Haushalt, in dem Sie aufgewachsen sind, eine Gefängnisstrafe absitzen müssen?
   Ja ☐ Nein ☐ Wenn ja, tragen Sie hier eine 1 ein _____

solche problematischen Themen oft »durch das Verstreichen der Zeit und aufgrund von Scham, Geheimhaltung und gesellschaftlichen Tabus verborgen bleiben«.

Und die Auswirkungen solcher verdrängter früher Traumata erwiesen sich als ungeheuer stark. Noch nach Jahrzehnten bemühten sich die Betroffenen um Linderung durch zwanghafte Verhaltensweisen wie übermäßiges Essen, Rauchen, Alkohol- und Drogenkonsum sowie sexuelle Promiskuität. Außerdem wurde eine Korrelation zwischen der Höhe des ACE-Werts und emotionalen Problemen wie Depression, Amnesie und Halluzinationen sowie körperlichen Erkrankungen der Leber, des Herzens, der Herzkranzgefäße und des Immunsystems festgestellt.

Insofern lag Dr. Felittis und Dr. Andas Schlussfolgerung auf der Hand: »Dies alles zeigt, dass traumatische Kindheitserlebnisse eine tiefreichende, ihrer Stärke entsprechende und lange anhaltende Wirkung« auf die körperlichen und emotionalen Probleme von Menschen haben.

Sich erinnern

Der Fragebogen der ACE-Studie kann Ihnen helfen, auf Tuchfühlung mit Ihren Kindheitserinnerungen zu gehen, doch die folgende Finde-deine-Stimme-Übung vertieft diesen Kontakt noch. Suchen Sie sich einen ruhigen Ort, wo Sie ein paar Minuten ungestört sind, setzen Sie sich auf einen bequemen Stuhl, atmen Sie ein paarmal tief und entspannend, und lassen Sie sich in die Erinnerung sinken …

> Versuchen Sie, sich an eine glückliche Zeit in Ihrem Leben zu erinnern, in der Sie gesund waren und in der das Problem, das Sie jetzt plagt, noch keine Rolle spielte. Lassen Sie sich von Ihrer Erinnerung in eine Zeit zurückführen, in der das Problem noch nicht existierte. Wenn Sie können, dann vergegenwärtigen Sie sich auf Ihrer inneren Filmleinwand einen ganzen Tag, vom Aufstehen am Morgen bis zum Zubettgehen am Abend. Erinnern Sie sich an möglichst viele Details.

Versuchen Sie als Nächstes, sich an eine Situation zu erinnern, in der Sie unglücklich waren und Ihre Gesundheit gestört war – die Situation, in der Sie zum ersten Mal mit Ihrem Problem konfrontiert wurden. Gestehen Sie sich Ihre Gefühle ehrlich ein und gehen Sie die Situation Schritt für Schritt durch. Ganz gleich, woran Sie sich erinnern, versuchen Sie, sich die Szene so genau wie möglich vorzustellen. Lassen Sie sie an sich vorüberziehen. Erleben Sie sich als Kind, sehen Sie die anderen an der Situation beteiligten Personen, hören Sie ihre Stimmen und spüren Sie alle mit der Situation verbundenen Gefühle so intensiv wie möglich. Versuchen Sie, den Fluss der Erinnerung nicht zu steuern, sondern tauchen Sie tief in ihn ein und lassen Sie sich von ihm führen. Schweift Ihr Geist ab, folgen Sie ihm; geistige Ausflüge können wertvoller sein, als Sie denken.

Vielleicht fragen Sie sich: »Ist mein Problem durch ein früheres Ereignis entstanden? Ist es verursacht durch etwas, das vor meinem zwanzigsten Lebensjahr passiert ist? Oder vor meinem zehnten Lebensjahr? Oder war ich damals vielleicht noch nicht einmal fünf Jahre alt?«

Versuchen Sie, sich daran zu erinnern, was damals in Ihrem Leben und speziell in Ihrer Familie geschah. Versuchen Sie, sich an Einzelheiten zu erinnern. Wenn Ihnen klar wird, was passiert ist, entspannen Sie sich, und beschreiben Sie den Hergang der Dinge mündlich oder in Ihrem Tagebuch.

Vielleicht fragen Sie sich: »Ist es in Ordnung, dass ich mir dies bewusst mache?

Vielleicht fragen Sie sich auch: »Gibt es ein noch früheres Ereignis, das mich für jenes traumatische Erlebnis anfällig gemacht hat?«

Oder Sie fragen sich: »Muss ich sonst noch etwas herausfinden, bevor ich mich von diesem Problem befreien kann?«

Sie können sich auch fragen: »Kann ich, nachdem ich dies nun herausgefunden habe, gesund werden?«

Wahrscheinlich müssen Sie mehrmals an Ihren Erinnerungen arbeiten, bis Sie merken, dass sich etwas tut. Seien Sie geduldig, und hören Sie Ihrem Unbewussten zu – es spricht mit Ihrer wahren, authentischen Stimme. Wenn es bereit ist, wird es Ihnen sagen, wann in Ihrem Leben Sie eine Veränderung erwarten können.

Nicht Abgeschlossenes

Als Kind hörte ich oft den Satz »Die Zeit heilt alle Wunden«. Heute hört man eher: »Komm endlich darüber hinweg!« In den meisten Fällen ist das leider nicht so einfach möglich. Wenn ich mit Menschen über achtzig arbeite, stelle ich oft fest, dass sie immer noch unter Verletzungen aus ihrer Kindheit leiden. Sie haben es irgendwie geschafft, durchs Leben zu kommen, aber ihre alten Wunden sind nie richtig verheilt und machen ihnen nach wie vor zu schaffen. Sie kämpfen immer noch mit uralten Problemen, unter die sie nie einen Schlussstrich ziehen konnten und die weiterhin Konflikte und Stress erzeugen.

Nun mag es zwar traurig sein, aber leider ist es die Wahrheit, dass die meisten unabgeschlossenen Angelegenheiten, die uns belasten, mit unseren Eltern zusammenhängen. Ich hasse es, an Eltern herumzunörgeln – schließlich bin ich selbst Vater –, aber unsere Gefühle gegenüber unseren Eltern (oder anderen Erwachsenen, die uns aufgezogen haben) sind meist ein Gemisch aus Liebe und Groll. Schließlich waren unsere Eltern unsere wichtigste Quelle der Liebe, Unterstützung und Sicherheit, doch andererseits haben sie uns bestraft, kritisiert, geängstigt, uns Grenzen gesetzt und Schuldgefühle in uns hervorgerufen. Deshalb ist unsere Beziehung zu unseren Eltern fast immer von viel Positivem und Negativem geprägt, von Dankbarkeit und Bedauern, von fürsorglichen Gefühlen und Wut, von angenehmen und bitteren Erinnerungen. Deshalb haben wir zu unseren Eltern ein so zwiespältiges Verhältnis, und deshalb unterdrücken wir so oft unsere Gefühle ihnen gegenüber.

Wenn Sie also alle Ihre alten Konflikte beilegen wollen, um Ihr Leben von dieser Last zu befreien, müssen Sie einige Dinge, die mit Ihren Eltern zusammenhängen, in Ordnung bringen. Sie können erst dann eine gesunde Beziehung zu sich selbst entwickeln, wenn Sie der Verletzungen gewahr sind, die Ihre Eltern Ihnen zugefügt haben. Sie müssen sich darüber klar werden, wie tief Sie die Gedanken und Gefühle bezüglich Ihrer Eltern vergraben haben. Und wenn Ihnen dies wirklich klar geworden ist, müssen Sie sich davon lösen.

Anschuldigungen bringen uns nicht weiter, und in der Vergangenheit zu verharren bringt auch nichts. Natürlich hatten unsere Eltern selbst Eltern, und die Probleme, unter denen wir gelitten haben, bestehen wahrscheinlich seit vielen Generationen. Es geht hier darum, diese Dinge zum Ausdruck zu bringen, um anschließend unbeschwert weitergehen zu können.

Loslassen

Die folgende Übung ermöglicht Ihnen, Gedanken und Gefühle, die Ihre Eltern betreffen, gefahrlos und befreiend auszudrücken Machen Sie es sich bequem, atmen Sie tief, dehnen Sie vielleicht auch Arme und Beine ein wenig, und …

Stellen Sie sich vor, Sie sitzen in Ihrem inneren Theatersaal und schauen sich diesmal ein Stück über Ihr Leben an. Stellen Sie sich, sobald Sie bereit sind, vor, dass Sie von Ihrem Sitz aufstehen, durch den Gang zur Bühne gehen, die Treppe hinaufsteigen und dann auf der Bühne stehen und in das Stück eintreten. Ganz richtig: Sie gehen in das Stück über Ihr Leben hinein.

Beim Eintritt in die Szene sehen Sie, dass auch Ihr Vater oder Ihre Mutter oder beide dort sind. Aber jetzt haben Sie das Sagen. Sie organisieren die Szene nach Ihren Vorstellungen. Sie können sitzen oder stehen. Und Ihre Eltern können sich an der Seite oder in Ihrer Nähe befinden. Das entscheiden allein Sie. Sie gestalten die Szene so, wie es Ihnen gefällt. Sie legen fest, was geschieht. Sie können die Situation organisieren, wie Sie wollen, wie es Ihnen am angenehmsten ist.

Und nun stellen Sie sich vor, dass Sie zu Ihren Eltern genau das sagen, was Sie denken und fühlen. Sprechen Sie mit ihnen ehrlich darüber, wie sie Sie behandelt haben, wie sie Sie in Ihrer Kindheit und Jugend verletzt haben: »Das ist jahrelang so gegangen, seit ich vier Jahre alt war und bis ich neunzehn war, und es hat nur aufgehört, weil ich ausgezogen bin!« Lassen Sie wirklich nichts unausgesprochen.

Drücken Sie alles aus, was Sie bezüglich der Art, wie Sie behandelt wurden, empfinden, und schreiben Sie es genauso in Ihr Tagebuch – und zwar mit der Hand, mit der Sie normalerweise *nicht* schreiben. Warum das? Weil es Ihnen hilft, sich von Ihrer familiären Konditionierung zu befreien und freier, kreativer und intuitiver zu antworten – mit Ihrer wahren, authentischen Stimme –, als ob Sie wieder Kind wären und gerade zu schreiben lernen würden.

Dies ist Ihre Chance. Sie brauchen nichts mehr zurückzuhalten und zu unterdrücken. Nutzen Sie die Gelegenheit, um alles, was Sie Ihren Eltern gegenüber empfinden, auszudrücken und sich anschließend davon zu lösen. Sprechen Sie es aus, brüllen oder schreien, kritzeln oder schreiben Sie es auf – bringen Sie Ihre Gedanken und Gefühle darüber in jeder beliebigen Form zum Ausdruck. Von Ihrem Herzen kommend über den Kopf bis zur Hand.

Dies ist Ihre Chance, alles zu sagen, was Sie sagen wollen, alles, was Sie bisher zurückgehalten haben, alles, was Sie nie gesagt haben, aber schon immer sagen wollten. Jahrelang oder vielleicht sogar jahrzehntelang aufgestaute Gefühle. Sie können Ihren Eltern nun sagen, wie sie Ihr Leben beeinflusst haben, was sie Ihnen angetan haben, wie sie Ihr Selbstwertgefühl und Ihr Selbstvertrauen geschwächt haben.

Wenn das traurig ist, dann lassen Sie es traurig sein. Wenn es Sie wütend macht, dann lassen Sie die Wut einfach zu. Wenn es intensiv ist, dann ist das eben so. Wenn es einfach ist, dann lassen Sie es einfach sein. Wenn es genau das ist, wovon Sie immer dachten, dass Sie es empfunden hätten, dann ist das wunderbar. Wenn es jetzt, wo Sie es sagen, anders ist, als Sie zu fühlen glaubten, ist auch das in Ordnung. Es geht einzig und allein darum, es auszudrücken und sich davon zu lösen.

Sie brauchen nichts mehr zurückzuhalten, nicht mehr zu denken »Ein guter Sohn oder eine gute Tochter hätte solche Gefühle nicht« oder »Ein netter Mensch hätte nicht so reagiert wie ich«, denn durch solche Gedanken sind der ganze Stress, die Unterdrückung und all die Probleme, mit denen Sie zu kämpfen haben, überhaupt erst entstanden. Durch die Selbstkritik halten Sie Ihre Gefühle unter der Oberfläche. Deshalb rate ich Ihnen: Sprechen Sie alles aus, und lösen Sie sich dann davon.

Lassen Sie all dies ein für alle Mal raus – zum Beispiel direkt gegenüber Ihren Eltern, bringen Sie es zu Papier, lassen Sie es aus Ihrem Geist, aus Ihrem Körper, aus Ihrem Bauch, aus Ihrem Rücken, aus all den Bereichen, in denen Sie es all die Jahre festgehalten haben (Sie wissen selbst am besten, wo diese Bereiche sind). Befreien Sie sich. Verbrauchen Sie Ihre Kraft nicht mehr dafür, es bei sich zu halten. Lassen Sie es heraus, damit Sie Ihre Kraft von nun an für gesündere und bessere Dinge verwenden können. Dies ist der Weg zur Freiheit. Dies ist der Weg zur Heilung.

Gut. Wenn Sie sich bereit fühlen, werde ich Ihnen eine der wichtigsten Fragen überhaupt stellen, eine heilende Frage, eine sehr machtvolle Frage, die Sie nur beantworten können, wenn Sie noch tiefer nach innen gehen. Beobachten Sie, wie sich dies auf Ihre Gefühle bezüglich der unabgeschlossenen Dinge in Ihrem Leben und bezüglich Ihrer Eltern auswirkt.

Und nun die Frage: Was wünschen Sie sich, von Ihren Eltern jetzt zu hören? Schreiben Sie mit Ihrer nichtdominanten Hand, die sich frei auf dem Papier bewegen darf, was Sie – nachdem Sie all dies so authentisch und umfassend wie überhaupt möglich ausgedrückt, all dies gesagt und sich davon gelöst haben – jetzt von Ihren Eltern hören wollen. Einen Satz, ein Wort, mehr oder weniger – ich weiß es nicht. Fangen Sie an, es aufzuschreiben. Was möchten Sie jetzt von Ihren Eltern hören?

Das Besondere an dieser Technik ist, dass Sie Ihren Eltern ja nicht tatsächlich persönlich gegenüberzusitzen brauchen. Sie sagen alles, lösen sich davon, und schließen die Angelegenheit damit in Ihrer Vorstellung ab, auf gefahrlose, heilende und bestärkende Weise – und damit ist die Sache für Sie erledigt. Sie gehen die Dinge allein an und befreien sich so von allen unterdrückten Gedanken und Gefühlen. Treffen Sie dann später in der Realität wieder mit Ihren Eltern zusammen – falls sie noch leben und Sie noch Kontakt zu ihnen haben –, haben Sie sich ihnen gegenüber die mitfühlende Sicht aus der letzten Reihe zu eigen gemacht, und das ist wunderbar.

Jahresringe

Die Erinnerungsübungen, die Sie bisher kennengelernt haben, helfen Ihnen, sich von Ihrer Vergangenheit zu befreien. Ich warne Sie aber vor der falschen Annahme, Sie könnten Ihre Vergangenheit völlig *loswerden*. Ob gut oder schlecht, glücklich oder traurig, Ihre Vergangenheit wird immer bei Ihnen sein, denn sie ist ein fester Bestandteil von Ihnen. Man könnte sie mit den Jahresringen im Holz von Bäumen vergleichen, an denen man ablesen kann, wie viel Regen in einem bestimmten Jahr gefallen ist. Im Leben jedes Baums gibt es besonders nasse und besonders trockene Jahre, weshalb einige Jahresringe eng und andere breiter sind.

Wenn es einem Baum nicht gut geht, können Sie ihn nicht einfach fällen, seine schmalen Ringe aus den schwierigen Jahren entfernen, ihn dann wieder zusammenflicken und erwarten, dass er weiterlebt. Ob eng oder breit, die Jahresringe sind ein unabdingbarer Bestandteil des Baumes, und sie spiegeln sein Wachstum und seine Entwicklung. Sie *sind* der Baum.

In diesem Sinne gleichen Sie einem Baum: Was Sie in der Vergangenheit erlebt haben, können Sie nicht verändern. Alles, was in Ihrem Leben geschieht, bleibt Ihnen Ihr Leben lang erhalten.

Aber Sie können sich Ihrer Vergangenheit bewusst werden, sie akzeptieren, sie zum Ausdruck bringen und durch sie lernen, wie Sie jetzt und in Zukunft besser für sich selbst sorgen können.

Mit jedem Atemzug

Ihre Vergangenheit zu erforschen und wieder die verletzenden Stimmen zu hören, die Teil Ihrer Vergangenheit sind, hilft Ihnen, alte Wunden zu heilen, und ermöglicht eine bessere Zukunft. Allerdings sollten Sie nicht in der Vergangenheit verweilen oder in der Zukunft leben und darüber aus dem Blick verlieren, dass Ihr Leben hier und jetzt, von Augenblick zu Augenblick stattfindet. Je vollständiger Sie Ihre Probleme in diesem Augenblick erleben können – je tiefer Sie in sie eintauchen und sich darin treiben lassen –, umso glücklicher und freier werden Sie sich fühlen.

Die beste Art, sich im gegenwärtigen Augenblick »im Fluss« mit Ihrem Problem zu bewegen, besteht darin, dem Fluss Ihrer Atmung zu folgen.

Das Atmen mag Ihnen unwichtig erscheinen. Die meisten Menschen achten gar nicht auf ihre Atmung, bemerken Sie fast nicht, und nur selten sind sie sich ihrer Existenz bewusst. Sie kann jedoch von unschätzbarem Wert sein, denn sie kann Ihnen helfen, Ihr Problem zu erleben. Ihre Atmung spiegelt, was in Ihnen vor sich geht. Wenn Sie lernen, auf Ihre Atmung zu achten, erkennen Sie allmählich das automatische Muster, das Ihrem Problem und Ihrer sozialen/familiären Konditionierung zugrunde liegt, und wenn Sie das erkennen, verliert dieses Muster seine Macht über Ihr Leben.

Beobachten Sie ein bis zwei Tage lang Ihre Atmung. Achten Sie besonders dann auf sie, wenn Ihr Problem in Erscheinung tritt. Wenn Sie meist besonders schnell und flach atmen (in kurzen, schnellen Atemzügen, bei denen der Bauch ein wenig angespannt bleibt), so zeigt dies mit Sicherheit an, dass Sie versuchen, Ihre Gedanken unter Kontrolle zu bringen und Ihre Gefühle nicht auszudrücken. Dies ist die unterdrückte und für Stress charakteristische Art zu atmen.

Und das ist zu tun: *Tun* Sie eben gar nichts! Wenn Sie Ihre Atmung zu ändern versuchen, werden der Kampf und Stress dadurch nur noch verstärkt. Dieser innere Richter versucht, die Kontrolle zu übernehmen und die Situation perfekt zu gestalten.
Versuchen Sie stattdessen, Ihres Atems nur gewahr zu sein, so wie er ist. Lauschen Sie einfach der Stimme Ihres Atems. Und akzeptieren Sie den Fluss Ihres Atems. Erkennen Sie die Bedeutung des Wortes »akzeptieren«. Nehmen Sie Ihren Atem so an, wie er ist. Folgen Sie dem Auf und Ab jedes Atemzugs, und akzeptieren Sie Ihren Atem, wie er ist.

In Wahrheit spielt es keine Rolle, ob Sie schnell und flach oder langsam und tief atmen, ob durch die Nase oder durch den Mund, in den Bauch oder in die Brust. Wichtig ist nur: Wenn Sie sich gestresst fühlen, sollten Sie eine Pause einlegen und sich eine Minute Zeit nehmen, um Ihren Atem zu beobachten. Es gibt nichts, was Sie dabei richtig machen müssten, und nichts, was Sie falsch machen könnten. Beobachten Sie einfach und akzeptieren Sie Ihren Atem, wie er kommt und geht, als würden Sie am Strand die Wellen anrollen und zurückfließen sehen. Ob es kleine sich kräuselnde Wellen sind oder große wogende, spielt eigentlich keine Rolle.

Indem Sie üben, Ihren Atem zu beobachten – das Steigen und Fallen jedes Atemzugs zu spüren –, lernen Sie ganz natürlich, Stück für Stück, sich in ein tieferes Gewahrsein und Annehmen Ihrer Gedanken und Gefühle und Ihrer wahren, authentischen Stimme hinein zu entspannen. Und das ist der Anfang der Transformation.

Wendepunkte

Die meisten Menschen wissen nicht, dass ein Atemzug aus vier Phasen besteht. Natürlich gibt es das Einatmen und das Ausatmen, aber außerdem gibt es bei jedem Steigen und Fallen des Atems am untersten und obersten Punkt des Atemzyklus jeweils einen Wendepunkt. In diesen Augenblicken verwandelt sich Ihr Einatmen in das Ausatmen und später Ihr Ausatmen wieder in das Einatmen. Diese Wendepunkte gibt es in jedem Atemzug, den Sie jemals getan haben und den Sie jemals tun werden. Sie dauern nur einen Sekundenbruchteil. Sie stellen einen Übergang und eine Verschmelzung dar.

Achten Sie beim Beobachten Ihres Atems auf das Erreichen der Wendepunkte, auf die Zeit, die sie beanspruchen, und darauf, wann sie enden. Sie können den Tiefpunkt Ihres Ausatmens als Wurzel Ihres Atems begreifen, können aber auch auf den Gipfelpunkt des Einatmens fokussieren und ihn als Krönung des Atemzyklus verstehen. Wenn Sie noch stärker fokussieren, werden Sie erkennen, dass es in der Mitte jedes Wendepunktes eine winzige Pause gibt, eine Millisekunde tiefer Stille zwischen Einatmen und Ausatmen.

Indem Sie diese Wendepunkte beobachten, ihnen zuhören und sie akzeptieren, indem Sie ihnen Ihre volle Aufmerksamkeit schenken, schaffen Sie in Ihrem Gewahrsein den Raum, der es Ihnen ermöglicht, Ihre innere Stimme zu hören. Dies kann eine positive, zentrierende und beruhigende Wirkung haben. Die Entspannung von Körper und Geist kann bewirken, dass Sie Ihren Stress, Ihre gesellschaftliche und familiäre Prägung und sich selbst als ganze Person stärker wahrnehmen. Vielleicht beginnt dann die Stimme Ihres Problems – Ihr Schmerz, Ihre Furcht, Ihre Wut, Ihr Verlangen usw. – zu verblassen und wirkt auf Sie so, als sei sie von Ihnen getrennt. Vielleicht entwickeln Sie dann auch das Vertrauen, dass Sie, wie die Wendepunkte in jedem Ihrer Atemzüge, immer in der Lage sein werden, Ihre Probleme durchzustehen und sich danach völlig erneuert zu fühlen.

Sie können also immer dann, wenn Sie mit einer Schwierigkeit, einer Herausforderung oder einer belastenden Situation konfrontiert sind, Ihren Atem als Brücke benutzen. Auf diese Weise können Sie innerhalb weniger Augenblicke von Anspannung zu

Entspannung, vom Negativen zum Positiven, vom Problem zur Lösung gelangen. Beobachten Sie Ihre Atmung so, wie sie ist. Fokussieren Sie auf den Atemzyklus, und nehmen Sie die Wendepunkte an. Dann werden Sie sich schon bald in einem wunderbar entspannten, gesunden und angenehmen Zustand befinden und Ihre Belastungen und Schwierigkeiten überwunden haben.

Den eigenen Namen aussprechen

Es folgt nun eine Atemübung, die Ihr Gewahrsein verbessern und Ihnen helfen soll, Ihr Problem zu akzeptieren. Ich habe diese simple Technik von einer bemerkenswerten Frau erlernt, die ich während einer Studienreise durch Indien traf. Sie hatte ihr Leben lang eine einfache Haushälterin gearbeitet, doch als sie schon über sechzig war, merkte sie, dass sie über Heilkräfte verfügte. Deshalb kündigte sie ihre Arbeit, widmete sich ihrer Berufung und wurde innerhalb weniger Jahre zu einer der gesuchtesten Heilerinnen in ganz Indien. Als ich sie fragte, ob sie mir ihre Lieblingstechnik erklären wolle, berichtete sie mir über ihre Methode »Sprich deinen Namen aus«. Dies war ihr Geschenk an mich, das ich nun an Sie weitergebe.

Wenn Sie das Gefühl haben, von einem Problem völlig eingenommen zu sein, in Ängsten, Wut, Traurigkeit, Schmerz oder dergleichen gefangen zu sein, dann halten Sie einen Augenblick inne und richten Sie Ihre Aufmerksamkeit auf den Atem. Selbst wenn Sie in solch einem Augenblick angespannt, flach und gestresst atmen, beobachten Sie einfach nur, wie Sie ein- und ausatmen, und registrieren Sie vielleicht zusätzlich die Wendepunkte – einfach darauf fokussieren … einatmen … und dann ausatmen.

Sprechen Sie nach einigen Atemzügen innerlich beim Ausatmen Ihren Namen, nicht laut, und nur Ihren eigenen Namen. Ihren Vornamen, Ihren Nachnamen, Ihren vollständigen Namen oder Ihren Rufnamen – einfach den Namen, den Sie am liebsten benutzen, wenn Sie mit sich selbst reden. Einfach einatmen, Pause, und beim Ausatmen innerlich Ihren Namen aussprechen, und dies mehrere Atemzüge lang.

Sobald auf diese Weise ein schöner Rhythmus entstanden ist, sprechen Sie innerlich: »Ich akzeptiere« … oder: »Ich unterstütze« … oder: »Ich kümmere mich« … oder auch: »Ich liebe«, dann pausieren Sie, und beim Ausatmen sprechen Sie Ihren Namen. Tun Sie dies eine Minute lang (oder zehn bis fünfzehn Atemzüge lang). Machen Sie daraus eine Art stilles Mantra bedingungslosen Annehmens Ihrer selbst und der Herausforderung, mit der Sie konfrontiert sind. Sie sprechen mit der heilenden Stimme Ihres inneren wahren Weisen.

Schenken Sie der Technik dieser wunderbaren Heilerin ein wenig Zeit und Energie, und beobachten Sie, was sie bewirkt. Sie werden feststellen, dass Sie danach entspannter sind und besser akzeptieren können, was Sie hinsichtlich des Problems, mit dem Sie konfrontiert sind, durchgemacht haben.

Sie können dies üben, wann immer sich Ihnen eine Gelegenheit dazu bietet. Das Resultat wird mit jedem Male positiver ausfallen. Sie können damit ungeahnte Erfolge erzielen.

Farben atmen

Wenn Sie noch wirksamer auf den Atem fokussieren wollen – mit dem Ziel, Ihr Problem besser annehmen und ausdrücken zu können –, müssen Sie diesen Teil Ihres Films in Farbe sehen.

Versuchen Sie, wenn Sie sich von Ihrem Problem erdrückt fühlen, herauszufinden, welche Farbe Sie innerlich spüren. Sie haben richtig gelesen: welche *Farbe.* Vielleicht haben Sie noch nicht darüber nachgedacht, aber viele negative Gedanken, Gefühle und Stimmungen sind mit Farben assoziiert. Wenn wir wütend sind, »sehen wir rot«. Wenn wir uns fürchten, heißt es manchmal, wir seien »gelb«. Wir können auch »grün« vor Neid sein. Und wenn wir traurig sind, haben wir den Blues – und der wird, zumindest im Englischen mit »blue«, also blau assoziiert. Wir können aber auch »rabenschwarzer Stimmung« sein. Das Problem, mit dem Sie sich herumschlagen, kann mit einer der genannten Farben assoziiert sein oder auch mit jeder anderen Farbe, die Sie innerlich spüren. Es kann sich um eine der Grundfarben oder um eine Mischung verschiedener Grundfarben handeln. Und es kann sich sowohl um eine monochrome Farbe als auch um ein Gemisch von Farben handeln – darüber entscheiden einzig und allein Sie.

Atmen Sie nun einige Male langsam und tief und stellen Sie sich vor, dass Ihr Atem in Ihren ganzen Körper strömt, vom Kopf bis zu den Zehen, dass er zirkuliert, sich bewegt und die gesamte Farbe (oder alle Farben) in Ihrem Kopf, in Ihrem Bauch, in Ihren Muskeln, in Ihren Zellen sammelt – und dann atmen Sie vollständig aus und beobachten, wie die Farbe sich von Ihnen aus verbreitet, wie sie verläuft und sich ins Nichts verliert.

Sie können sich die klare, frische Luft, die Sie einatmen, wie ein Reinigungsmittel vorstellen, das in Ihnen arbeitet – beispielsweise wie eines jener Mittel mit »aktiviertem Sauerstoff« aus der Werbung. Sie atmen es ein und lassen es in Ihren gesamten Körper strömen, Ihre Farbe absorbieren, Ihren Stress absorbieren, und dann atmen Sie es aus. Und wenn es nicht mehr in Ihrem Inneren ist, ist zusammen mit dem Reinigungsmittel auch ein Großteil der trüben Stimmung beziehungsweise Geisteshaltung aus Ihnen herausgeströmt.

»Aus den Augen« ist nicht »aus dem Sinn«

Atemarbeit kann in einer schwierigen Situation Wunder wirken; doch direkt am Problem zu arbeiten ist noch wirksamer. Und das Beste, was Sie tun können, ist, noch genauer zu untersuchen, was wirklich geschieht.

Über das Wesen des Problems genau im Bilde zu sein ist deshalb so wichtig, weil die meisten Menschen den größten Teil ihres Lebens in einem Zustand des Nicht-Gewahrseins verbringen. Wie bereits erwähnt lernen wir früh, unsere Emotionen und Begierden, unsere Wut und unsere Furcht zu unterdrücken – alles, was uns zu schwierig oder für unsere Familie zu belastend erscheint. Auf den ersten Blick sieht es so aus, als ob das funktionieren würde – als würde das Problem dadurch gelöst. Durch das ständige Unterdrücken der belastenden Gedanken und Gefühle sind wir uns ihrer schon bald nicht mehr bewusst. Wir fangen an, sie zu vergessen, und glauben sogar, dass sie gar nicht mehr existieren.

Aber sie verschwinden nicht. Aus den Augen ist *nicht* aus dem Sinn. Die unterdrückten Gedanken und Gefühle sinken tief in uns hinein, sie werden im Verborgenen stark und gewinnen eine Art stiller, subversiver Kontrolle über uns, und sie rächen sich, indem sie alle möglichen körperlichen und emotionalen Probleme hervorrufen.

Gesünder und effektiver können wir mit unseren Problemen umgehen, indem wir uns diese Gedanken und Gefühle wieder bewusst machen, ihrer also wieder vollständig gewahr werden. Das kann sehr schwierig sein, weil die meisten Menschen solche Dinge schon so lange unterdrücken, dass sie nicht mehr wissen, wie sie damit umgehen sollen. Wir empfinden es als völlig normal, Probleme zu unterdrücken. Vielleicht empfinden wir es sogar als *richtig*. Doch diese Art, mit Problemen umzugehen, tut uns auf die Dauer nicht gut. Wenn wir unsere Gedanken und Gefühle ständig ignorieren, leugnen und unterdrücken, geraten wir irgendwann in Schwierigkeiten. Früher oder später ist die Fähigkeit, Dinge zu ignorieren, kein Segen mehr.

Sich der unterdrückten Gedanken und Gefühle wieder bewusst zu werden ist ein erster richtiger Schritt.

Dreimal wiederholen ist wie ein Zauberspruch

Wenn Sie sich Ihr Problem bewusster machen wollen, sollten Sie einmal die folgende simple Technik ausprobieren.

Wenn bei Ihnen ein Problem auftaucht – ein Drang, eine Gier, ein Schmerz, Wut, Furcht oder irgendetwas, das Sie in Schwierigkeiten bringt –, dann seien Sie dessen gewahr, registrieren Sie, dass es in Ihnen ist, und benennen Sie es dreimal. Ist es beispielsweise eine Gier, dann registrieren Sie es, und sagen Sie zu sich selbst: »Gier ... Gier ... Gier«, oder sagen Sie, worauf Sie gierig sind. Beispielsweise »Schokolade ... Schokolade ... Schokolade«. Oder wenn Sie sich über irgendetwas, über jemand anderen, sich selbst, über die Situation – was auch immer – ärgern, dann gestehen Sie sich das ein, und sagen Sie: »Wut ... Wut ... Wut.« Sprechen Sie dies entweder hörbar aus, oder sagen Sie es zumindest in Gedanken. Wiederholen Sie das Wort langsam dreimal. Dabei werden Sie ganz von selbst in Ihre wahre, authentische Stimme verfallen.

Versäumen Sie keine Gelegenheit, dies zu üben. Jedes Mal, wenn Sie sich durch Gedanken, Gefühle oder Begierden bedrängt fühlen – auch wenn es sich um Wut, Angst, Sorgen oder Schmerz handelt –, benennen Sie dies dreimal, was auch immer es sein mag. »Angst ... Angst ... Angst«, »Sorgen ... Sorgen ... Sorgen«, »Schmerz ... Schmerz ... Schmerz«. Sprechen Sie das Wort langsam dreimal aus, und warten Sie ab, was dann passiert. Es ist wunderschön zu erleben, wie Sie sich wie von selbst von Ihrem Problem lösen, sobald Sie Ihre heilende Stimme finden.

Hat die Sache mit dem dreimaligen Benennen etwas mit Magie zu tun? Vielleicht ja. Aber wichtig ist, dass Ihnen das Problem bewusster wird, wenn Sie es dreimal benennen, und dass es Ihnen dann präsenter ist. Und sobald Ihnen das Problem bewusster ist – und Sie nichts anderes tun, als es dreimal zu benennen –, geschieht etwas Erstaunliches: Ihr Problem verliert an Kraft. Sobald Ihnen Ihr aktuelles Problem bewusst wird, gehen Sie zu ihm auf Distanz, und schon sind Sie in der Gegenwart und beobachten das Problem nur noch von außen – Sie registrieren es nur noch.

Sie müssen das Problem aber entweder hörbar oder zumindest innerlich dreimal benennen, denn dadurch wird es Ihnen völlig bewusst, und Sie sind dann sehr stark darauf fokussiert. Sobald das eintritt, schmelzen die Schwierigkeiten dahin.

Auf den Körper fokussieren

Auch die Stärkung des Körpergewahrseins ist ein wichtiger Teil des intensiven Erlebens Ihres Problems. Neueste Untersuchungen in Deutschland haben ergeben, dass Menschen, die in der Lage sind, auf Ihren Körper und Ihre physischen Empfindungen zu fokussieren, sowohl mit körperlichen als auch mit emotionalen Problemen wesentlich besser und schneller fertig werden.

Der Verlust des Körpergewahrseins hingegen ist ein wichtiger Grund für die Fixierung auf ein Problem. Wenn Sie sich in inneren Streitgesprächen und in einem inneren emotionalen Aufruhr verheddern, verlieren Sie Ihre sichere Verankerung in der physischen Realität. Sie fühlen sich dann nicht in Ihrem Körper zu Hause, spüren Ihre Mitte nicht mehr, und Ihnen ist, als würden Sie mit Ihrem Schmerz, Ihrer Gier, Angst, Wut usw. buchstäblich »neben sich« stehen.

Mit einem starken Körpergewahrsein hingegen fühlen Sie sich in Ihrer Haut präsenter, mehr zu Hause, lebendiger und wesentlich besser in der Lage, zu Ihrer inneren Stimme in Kontakt zu treten.

Spüren Sie Ihren Schmerz

Haben Sie beispielsweise Schmerzen, dann kämpfen Sie nicht dagegen an und versuchen Sie nicht, die Schmerzen loszuwerden, denn dadurch erzeugen Sie noch mehr Stress und verschlimmern die Schmerzen. Tun Sie stattdessen das Gegenteil (auch wenn es nicht dem entspricht, wozu Sie intuitiv neigen):

Tauchen Sie tief in Ihren Schmerz ein, und erleben Sie ihn so vollständig wie möglich. Fokussieren Sie auf den Schmerz, konzentrieren Sie sich darauf, und studieren Sie ihn. Untersuchen Sie Ihren Schmerz gründlich. Beschreiben Sie ihn im Geiste. Versehen Sie ihn mit einer räumlichen Dimension, einer Gestalt, einer Oberflächenstruktur und sogar einem Geschmack. Stellen Sie sich ihn als greifbares Objekt vor, oder nehmen Sie seine Temperatur wahr. Fühlt er sich wie ein Brennen an? Ist er, als würde Ihnen jemand mit einem heißen spitzen Gegenstand in den Rücken stechen? Oder als würde heißes Öl über Ihre Schultern fließen? Pocht Ihr Kopf im gleichen Rhythmus wie Ihr Herz? Oder ist es, als würde jemand Ihnen Nadeln in den Fuß stechen?

Je lebendiger Sie Ihren Schmerz beschreiben können – je intensiver Sie ihn physisch spüren –, umso schneller können Sie sich entspannen und den Schmerz loslassen.

Beobachten Sie, was Sie essen

Nehmen wir einmal an, Ihr Problem besteht darin, dass Sie zu viel essen. Wenn Ihnen das schon länger zu schaffen macht, wissen Sie, dass es nichts bringt, sich durch Willenskraft vom übermäßigen Essen abzuhalten. Eine bessere Möglichkeit, Ihr Verlangen nach Essbarem zu zügeln, besteht darin, stattdessen das Gewahrsein zu nutzen – zu »beobachten«, was Sie essen.

Wenn Sie sich das nächste Mal zum Essen hinsetzen – vielleicht um Ihr Leibgericht zu genießen, was immer das für Sie sein mag –, dann stellen Sie sich vor, Sie würden dieses Gericht zum ersten Mal essen. Schauen Sie sich die Szene genau an; beobachten Sie sich beim Essen. Achten Sie auf Ihre Stimmung, Ihre innere Haltung, darauf, wie angespannt oder entspannt Sie sind. Beobachten Sie auch Ihre Atmung – ob sie flach oder tief ist. Und beobachten Sie, wie Sie Gabel und Messer halten.

Registrieren Sie, wie Sie das Essen zur Nase führen und die verschiedenen Aromen riechen. Schauen Sie sich die Speise genau an. Welche Form hat sie? Wie viele Farbschattierungen weist sie auf? Machen Sie sich auch bewusst, wie das Essen in Ihren Mund gelangt – aber kauen Sie es noch nicht. Bewegen Sie den Bissen nur im Mund. Können Sie in verschiedenen Bereichen Ihres Mundes verschiedene Geschmäcke erkennen? Und nun kauen Sie den Bissen und hören Sie zu. Was hören Sie? Knacken, Schmatzen, Knirschen? Werden die Geräusche von dem, was Sie essen, oder von Ihrem Körper erzeugt? Welche Konsistenz hat die Speise? Ist sie körnig, schwammig, knusprig? Wie warm oder kalt ist sie? Welcher Nachgeschmack bleibt im Mund zurück? Verfolgen Sie genau, wie die Nahrung in Ihren Magen gelangt. Ist es für Ihren Magen angenehm, sie aufzunehmen?

Das Erstaunliche ist, dass sich Ihre Essgewohnheiten von selbst ändern, wenn Sie sich ihrer nur bewusster werden, ohne zu versuchen, sie zu beeinflussen oder zu verändern. Wenn Sie hundertprozentig auf den physischen Akt des Essens fokussieren, hören Sie auf zu essen, sobald es Ihnen nicht mehr gut schmeckt. Sie kommen dann gar nicht mehr auf die Idee, den Teller leer zu essen. Und Sie vergessen auch, dass Sie es gewohnt sind, jeden Tag drei Mahlzeiten zu sich zu nehmen. Sie sind dessen gewahr, was Ihr Körper Ihnen über Ihre wahre, authentische Stimme sagt, und wenn Sie nicht mehr hungrig sind, hören Sie auf zu essen.

Die Anspannung wahrnehmen

Die bewusste Körperwahrnehmung hat in schwierigen Situationen auch noch einen anderen wichtigen Vorteil: Sie ermöglicht es Ihnen, die Anspannung in Ihrem Inneren stärker wahrzunehmen.

Bei uns allen sind die Muskeln ständig in einem gewissen Maß angespannt, weil uns das hilft, mit den normalen Alltagsproblemen fertig zu werden. Doch wie schon in der Einleitung erklärt kann die Anspannung exzessiv und damit ungesund stark werden, wenn in Ihnen ein Kampf tobt, der (meist von Ihrem inneren Richter initiiert) zum Ziel hat, Ihre ganz normalen Gedanken und Gefühle zu unterdrücken bzw. zu leugnen.

Ihr innerer Richter will Ihre Spontaneität unterdrücken, Sie innerhalb der vertrauten Grenzen Ihrer gesellschaftlichen und familiären Konditionierung festhalten – er misstraut allen Veränderungen und hat im Grunde vor, Sie zu schützen! –, und deshalb setzt er alles daran zu verhindern, dass Sie Gedanken und Gefühle produzieren, die er für bedrohlich und inakzeptabel hält. Solche Gedanken sind in der Regel nur ein winziger Teil Ihres Lebensfilms, aber Ihr innerer Kritiker will sie zensieren und sie vollständig und für immer aus Ihrem Lebensskript streichen. Wenn sich diese beiden konträren Aspekte – Ihr Leinwand-Ich und Ihr Kritiker aus der fünfzehnten Reihe – in Angriffsposition gegenüberstehen, spannen sich Ihre Muskeln an, um sich auf den bevorstehenden Kampf vorzubereiten.

Was können Sie in solch einer Situation tun? Auch hier lautet die Antwort wieder: In diesem Moment brauchen Sie gar nichts zu tun. Schenken Sie einfach Ihrer Anspannung ein wenig Aufmerksamkeit.

Mit dem eigenen Körper sprechen

Wie Schmerz ist auch Muskelanspannung eine Botschaft Ihres Körpers, die anzeigt, dass etwas nicht in Ordnung ist. Sie signalisiert, dass Sie gegen sich selbst kämpfen. Ignorieren Sie diese Botschaft, baut sich die Anspannung im Körper weiter auf – fast ohne dass Sie es merken –, und Sie verstricken sich immer stärker in Ihr Problem. Indem Sie sich Ihrer Anspannung bewusster werden, können Sie den Kampf beenden und fühlen sich dann innerhalb von Sekunden besser.

Wenn Sie sich gestresst fühlen und ein Problem haben, sollten Sie, sobald Sie einen Moment allein sind, auf Ihre Anspannung fokussieren. Spüren Sie die Anspannung im ganzen Körper. Schätzen Sie sie mithilfe einer von 1 bis 10 reichenden Skala ein, auf der 1 für »völlig entspannt« und 10 für »völlig gestresst« steht. Wie schätzen Sie Ihre momentane Anspannung ein?

Richten Sie Ihre Aufmerksamkeit als Nächstes auf die Atmung und machen Sie sich die Wendepunkte zwischen Ein- und Ausatmen bewusst. Und sobald Sie sich bereit fühlen, schließen Sie die Augen und wenden sich mit folgenden drei Sätzen (die Sie hörbar, aber nicht zu laut aussprechen) an Ihren Körper: »Ich danke dir dafür, dass du mir in all den Jahren so gute Dienste geleistet hast. Es tut mir leid, wenn ich dich nicht beachtet habe. Wenn du mir etwas sagen willst: Im Moment bin ich dir gegenüber völlig offen.«

Überprüfen Sie Ihren Körper dann vom Kopf bis zu den Zehen auf Bereiche, die angespannt oder gestresst wirken. Die meisten Menschen konzentrieren Ihre Anspannung in bestimmten Bereichen ihres Körpers – oft im Bereich der Augen oder des Unterkiefers, des Halses oder der Schultern sowie im Bauch oder im unteren Rücken. Wiederholen Sie nun die drei Sätze, die Sie soeben gesprochen haben. Sprechen Sie sie erneut laut aus und fokussieren Sie auf die Körperbereiche, in denen Sie Anspannung festhalten: »Ich danke dir dafür, dass du mir in all den Jahren so gute Dienste geleistet hast. Es tut mir leid, wenn ich dich nicht beachtet habe. Wenn du mir etwas sagen willst: Im Moment bin ich dir gegenüber völlig offen.«

Falls Sie das Gefühl haben, dass die Anspannung weiterhin besteht, hilft es, zu Ihrem Körper in Kontakt zu treten. Fokussieren Sie deshalb diesmal auf einen Körperbereich, in dem die Anspannung, der Stress, die Sorgen oder der Schmerz besonders stark zu spüren sind. Und legen Sie auf den Punkt, wo Sie die Anspannung oder den Stress spüren, eine Hand und massieren Sie diesen Bereich mit sehr leichtem Druck der Fingerspitzen in Kreisbewegungen gegen den Uhrzeigersinn. Wiederholen Sie dann ein drittes Mal hörbar, aber sehr sanft, und diesmal direkt auf den massierten Bereich gerichtet: »Ich danke dir dafür, dass du mir in all den Jahren so gute Dienste geleistet hast. Es tut mir leid, wenn ich dich nicht beachtet habe. Wenn du mir etwas sagen willst: Im Moment bin ich dir gegenüber völlig offen.«

Nachdem Sie Ihren Körper vollständig auf Anspannungen hin überprüft und ihm mindestens dreimal gedankt haben, wiederholen Sie die Einschätzung Ihrer inneren Anspannung auf der von 1 bis 10 reichenden Skala. Wie fühlen Sie sich jetzt? Die meisten Menschen berichten nach der ersten Durchführung dieser Übung von einem Abnehmen der Anspannung um drei oder vier Punkte. Und wenn Sie die Übung später noch einige Male wiederholen, erzielen Sie ein noch besseres Ergebnis.

Versuchen Sie keinesfalls, Ihre Anspannung zu verändern oder zu verringern. Stellen Sie einfach nur fest, wo in Ihrem Körper sie sich befindet und wie sie sich anfühlt. Sie sprechen mit Ihrem Körper – und ebenso antwortet er Ihnen – mit Ihrer wahren, authentischen Stimme.

Eingang und Ausgang

Bei all diesen Übungen geht es darum, das Problem, mit dem Sie sich abmühen, so vollständig wie möglich zu erleben. Die folgende Übung ermöglicht Ihnen ein erstaunliches Erlebnis des Im-Körper-Seins. Sie hilft Ihnen, in Ihre Anspannung einzutauchen und mit ihr zu fließen. Die Technik stammt von Dr. Milton Erickson, und er nannte sie »Eingang und Ausgang«. Sie half ihm, die starken Schmerzen, unter denen er litt, zu lindern. Ich benutze sie seit Langem im Rahmen meines Programms FINDE DEINE STIMME.

Wenn Sie spüren, dass sich in Ihnen Anspannung aufbaut, dann fokussieren Sie auf den Atem – einatmen … ausatmen. Stellen Sie sich Ihren Atem als einen Eingang vor – das ist das Einatmen – und als einen Ausgang – das ist das Ausatmen. Eingang … Ausgang. So ist es gut. Bleiben Sie im Fluss, und entwickeln Sie eine kleine Routine.

Und nun tauchen Sie beim Einatmen tief in Ihre Anspannung ein. Spannen Sie Ihre Muskeln so stark an, wie Sie können, und spüren Sie die Anspannung – übertreiben Sie sie – im ganzen Körper, von ganz oben bis ganz unten. Spannen Sie auch Ihre Füße an. Und ballen Sie die Hände zu Fäusten. Schließen Sie die Augen ganz fest. Und spannen Sie den Unterkiefer an. Heben Sie die Schultern an. Und spannen Sie den Bauch an. Auch das Gesäß und die Oberschenkel. Erhalten Sie diese Spannung so lange aufrecht, wie Sie können – und spüren Sie, dass Ihr ganzer Körper angespannt ist, ganz fest ... fest ... fest. Und dann atmen Sie aus und lassen alles los und werden so schlaff wie eine Stoffpuppe.

Gut. Sie werden das jetzt noch einmal machen. Bauen Sie wieder beim Einatmen die Anspannung auf. Spannen Sie den ganzen Körper an, die Hände, den Bereich um die Augen, den Mund, die Füße, die Beine und den Bauch – spannen Sie alles so stark an, wie Sie können –, bis Sie spüren, dass alles angespannt ist. Heben Sie die Schultern so weit wie möglich an und spannen Sie Rücken und Gesäß an. Wenn Sie die Anspannung nicht mehr halten können, dann atmen Sie aus, und lassen Sie alles los. Sie treten also in die Anspannung ein – spüren Sie in allen Einzelheiten – und dann befreien Sie sich wieder aus ihr. Eingang ... Ausgang.

Und nun noch ein letztes Mal: Atmen Sie ein, und spannen Sie den ganzen Körper an, alle Bereiche; bauen Sie so viel Spannung wie möglich auf – die Schultern hochziehen, die Fäuste ballen, und Füße, Bauch, Kiefer und alle anderen Bereiche so stark wie möglich anspannen. Halten Sie die Spannung möglichst lange aufrecht, ein wenig länger als beim letzten Mal, und lösen Sie sie dann beim Ausatmen wieder auf. Was für ein Unterschied!

Wunderbar! Wenn Sie die Eingang-Ausgang-Übung ein paar Wochen lang geübt haben, sind Sie in der Lage, sich automatisch jedes Mal zu entspannen, sobald Sie sich angespannt oder gestresst fühlen oder sich Sorgen machen oder wenn Sie irgendeine Art von Unbehagen empfinden. Diese Möglichkeit ist für Sie dann dauerhaft jederzeit verfügbar.

Stress und Entspannung, Einatmen und Ausatmen, Eingang und Ausgang. Dies ist ein Geschenk von Dr. Erickson an mich – und an Sie.

Der Affengeist

Der innere Kampf, durch den Ihre Atmung verkrampft und Ihr Körper in Anspannung versetzt wird, wütet auch in Ihrem Geist. Wenn Menschen gestresst sind, herrscht in ihrem Geist ein wildes Durcheinander von Stimmen, Gedanken und Gefühlen, die sich ständig verändern. Der Zustand ist vergleichbar mit dem Gesang eines Chors, dessen Mitglieder alle unterschiedliche Lieder in verschiedenen Tonarten singen. Es ist, als würden Sie versuchen, gleichzeitig fernzusehen, Musik von Ihrem iPod zu hören und SMS zu lesen.

In dem einen Augenblick zweifeln Sie, ob Sie die Herausforderung, mit der Sie sich konfrontiert sehen, jemals bewältigen werden, im nächsten sind Sie von einem Gefühl der Hoffnung erfüllt – und eine Minute später gewinnen die Zweifel wieder die Oberhand. In dem einen Moment sind Sie sicher, dass Sie gesund und glücklich sind, im nächsten fühlen Sie sich völlig hilflos und verloren. In einem Moment empfinden Sie gegenüber sich selbst und anderen Menschen überschwängliche Liebe, im nächsten sind Sie völlig frustriert und überkritisch.

Eine Klientin, Carlotta, berichtete mir, wenn sie versuche, »nicht so angespannt zu sein«, könne sie »ihren Kopf nicht daran hindern, ununterbrochen weiterzuschnattern«. Und Barry, ein anderer Klient, benutzte genau den gleichen Ausdruck: Er berichtete, sein Geist »schnattere« ununterbrochen, wenn er sich größte Mühe gebe, »nicht wütend zu werden«.

Im Buddhismus wird dies »Affengeist« genannt, weil der Geist wie ein Affe ununterbrochen schnattert und kreischt, während er sich in Ihrem Kopf von Gedanken zu Gedanken schwingt. Ich finde sogar, dass dieses Geschnatter des Geistes einem ganzen Raum voller Affen gleicht. Nach meiner Auffassung ähnelt der Zustand einer außer Kontrolle geratenen Versammlung, auf der alle Teilnehmer – all die durchdringenden Stimmen in Ihrem Kopf – gleichzeitig reden, miteinander streiten, einander zu übertrumpfen versuchen oder einfach nur lauter als alle anderen sein wollen, und es darauf anlegen, das Wort zu behalten und einander zu dominieren.

Die Konferenzteilnehmer, die dabei zusammen am Tisch sitzen, sind die üblichen Verdächtigen: Wut, Angst, Traurigkeit, Frustration und Schuldgefühle. Man könnte diese Liste endlos fortsetzen. Jeder Mensch hat ein inneres Komitee dieser Art – jeder ein anderes, einzigartiges, obwohl wir alle offenbar durchaus auch vieles gemeinsam haben. Vielleicht haben Sie der Willenskraft einen Sitz in Ihrem Komitee gegeben? Oder dem Selbstzweifel, der Hoffnung, dem Versagen oder dem »Warum ich?«? Auch andere vertraute Stimmen können darum kämpfen, gehört zu werden: Ihr inneres Kind, Ihre inneren Eltern, Ihr Perfekt-sein-Wollen oder Ihr »Was ist nur mit mir los?« Vielleicht besteht Ihr Komitee nur aus drei oder vier Mitgliedern, es können aber auch mehr als ein Dutzend sein – und sie alle repräsentieren unterschiedliche Gedanken und Gefühle, die in Ihrem Kopf gegeneinander ankämpfen.

Vincent und seine Stimmen

Ich möchte Ihnen nun von Vincent erzählen, einem meiner Klienten, der sich mit Fressanfällen und Versuchen, sein Gewicht drastisch zu reduzieren, quälte. Vincent bezeichnete die Stimmen in seinem Kopf, die mit seinem Gewichtsproblem zusammenhingen, als »dysfunktional«, und das erfasst die Situation eigentlich sehr treffend. Hören Sie sich an, welche Stimmungen und Botschaften in seinem Kopf gegeneinander ankämpfen.

Vincent wacht morgens auf, und seine Willenskraft hat das Wort (bzw. macht sich am lautesten bemerkbar). Somit beschließt er nach dem Frühstück, bis zum Mittag nichts mehr zu essen. Die Hoffnung unterstützt diesen Entschluss. Doch ein paar Minuten später meldet sich »Gönn dir was« zu Wort, brüllt die Willenskraft nieder und überzeugt Vincent davon, seinen

Plan aufzugeben und sich eine Leckerei zu gönnen. In einem Augenblick ist er also entschlossen, seinen Plan in die Tat umzusetzen, und im nächsten schaut er schon wieder in den Kühlschrank.

Und Vincent ist überrascht – vor nur einer Minute hatte er sich doch gerade erst entschlossen, mit den Snacks zwischendurch aufzuhören, und er war hundertprozentig davon überzeugt, dass er seine Entscheidung in die Tat umsetzen würde. Und nun ist das alles schon wieder wie weggeblasen; nichts davon ist übrig, und er ist auf dem besten Weg, sich erneut zu überfressen. Dann meldet sich das Schuldgefühl zu Wort und peinigt ihn – er fühlt sich gestresst und in einem Dilemma, und im nächsten Moment hört er die Stimme des Versagens.

Dies bezeichne ich als Versammlung eines außer Kontrolle geratenen Komitees, und solch eine Versammlung kann einen entweder ein paar Minuten lang belasten oder einem sogar den ganzen Tag verderben.

Im Laufe des Nachmittags stellt sich bei Vincent erneut das Gefühl ein, die Kontrolle über seine Essgewohnheiten zurückgewonnen zu haben. Zur Abendessenszeit zweifelt er dann wieder an sich, und nach dem Abendessen ist er frustriert und bekommt ein wenig Angst. An jenem Abend übernimmt das Komiteemitglied »Was ist nur mit mir los?« die Kontrolle und versucht, die Willenskraft zu reanimieren. Doch als es Zeit ist, zu Bett zu gehen, hat er sich so in die Querelen seines Komitees verstrickt und ist so müde und deprimiert, dass das Mitglied »Ich werde immer dick bleiben« sich mit dem Wunsch zu Wort meldet, sich noch einmal mit Essen vollzustopfen, um alle anderen Beteiligten zum Schweigen zu bringen und sich besser zu fühlen.

Sie können sicher sein, dass bei jeder Art von Herausforderung, mit der Sie konfrontiert werden, etwas ganz Ähnliches passiert. Ist der Geist in Aufruhr, ist er rastlos und verändert sich ständig – und eine Stimme versucht, die andere zu übertrumpfen. Dahinter steckt Ihr inneres Komitee, das alle Aspekte beleuchtet und ein riesiges Durcheinander erzeugt. Und leider bleiben die meisten Menschen wie Vincent in diesem Durcheinander gefangen, weil Sie dem Geschnatter ihrer inneren Stimmen scheinbar wehrlos ausgeliefert sind und von den Affen umhergejagt werden, von Gedanken zu Gedanken und von Gefühl zu Gefühl.

Doch zum Glück können Sie, wenn Sie Ihr Gewahrsein und Ihre Fähigkeit, zu akzeptieren und Ihre Empfindungen auszudrücken, stärken, die Ordnung wiederherstellen und sich aus der Verstrickung, in die Ihr inneres Komitee Sie gebracht hat, befreien.

Die Konferenz des inneren Komitees

Wenn Sie sich im Geschnatter Ihres Geistes verfangen haben, dann nehmen Sie sich ein wenig Zeit, um sich auf eine geordnet ablaufende Versammlung Ihres FINDE DEINE STIMME-Komitees vorzubereiten. Das erfordert ein bisschen Schreibarbeit, und ich möchte, dass Sie dazu Ihre nichtdominante Hand benutzen (wie Sie es schon einmal getan haben). Auf diese Weise können Sie zu Ihrer inneren Stimme, Ihrer Intuition, Ihrem wahren Weisen in Verbindung treten.

Als Erstes müssen Sie sich einfach in einen Zustand des Gewahrseins versetzen. Nehmen Sie also Ihr Tagebuch (oder einen Notizblock) und einen Stift zur Hand, schließen Sie die Augen, achten Sie auf Ihren Atem. Fokussieren Sie auf die Herausforderung, mit der Sie konfrontiert sind. Wahrscheinlich handelt es sich um etwas, das für Sie schon seit Langem ein großes Problem ist – und wahrscheinlich haben Sie im Umgang damit schon einige Erfolge, aber auch schon etliche Niederlagen erlebt. Nun sollen Sie also einfach all dessen gewahr sein, was Sie hinsichtlich dieser Herausforderung denken und fühlen …

Fokussieren Sie weiter auf Ihr Problem, auf die Herausforderung, mit der Sie momentan konfrontiert sind – lassen Sie Ihre Gedanken und Gefühle kommen und gehen – und wenn Sie sich bereit fühlen, dann schreiben Sie auf einen Notizblock oder in Ihr Tagebuch, welche Gedanken und Gefühle Sie bezüglich dieses Problems haben. Tun Sie dies mit geschlossenen Augen und möglichst mit Ihrer nichtdominanten Hand. Es ist völlig in Ordnung, wenn das ein einziges Gekritzel wird oder wie die Schrift eines Kindes aussieht. Niemand außer Ihnen selbst wird es lesen. Notieren Sie alle Gedanken und Gefühle, die Ihnen zu diesem Problem in den Sinn kommen. Sind Sie unsicher? Sind Sie voreingenommen? Fühlen Sie sich frustriert? Fühlen Sie sich hoffnungslos, schuldig, verängstigt, wütend oder traurig? Stellen Sie eine Liste Ihrer Gedanken und Gefühle zusammen. Falls Ihnen zunächst nichts einfällt, dann bleiben Sie trotzdem ein paar Minuten bei Ihrem Vorhaben, und fragen Sie sich: »Welcher Teil von mir spricht? Wessen Stimme ist das?«

Nehmen wir einmal an, auf Ihrer Liste stehen unter anderem »ängstlich«, »hoffnungsvoll« »Warum ich?«, »Wer ich sein sollte«, »schuldig« und »wütend«. Dies sind die sieben Mitglieder Ihres Komitees, Ihre sieben unterschiedlichen Gedanken und Gefühle über Ihr Problem. Ihrer gewahr zu werden hat Ihnen schon geholfen, sich mit Ihrem Problem zu konfrontieren. Aber nun gehen wir noch einen Schritt weiter, indem wir die Magie des Akzeptierens einbeziehen.

Zeichnen Sie nun, ausgerüstet mit einem Stift und Notizblock oder Ihrem Tagebuch – und vielleicht zwischen dominanter und nichtdominanter Hand hin- und herwechselnd – sieben Kreise, die wie Stühle um einen großen Konferenztisch arrangiert sind. Weisen Sie den Mitgliedern Ihres Komitees die für Sie vorgesehenen Plätze am Tisch zu, indem Sie ihre Namen in die sieben Kreise schreiben. Wunderbar! Zum Schluss zeichnen Sie noch in die obere rechte Ecke des Blatts ein großes Herz und schreiben das Wort »Beobachter« hinein. Dies ist Ihr wahres, authentisches Selbst, der Vorsitzende des Komitees, der alle Ihre Gedanken und Gefühle anerkennt und akzeptiert.

Lassen Sie Ihren Beobachter jeden Kreis anschauen, jedes Komiteemitglied, jeden Gedanken und jedes Gefühl, einen nach dem anderen – freundlich, fürsorglich und mitfühlend. Während

Ihr Beobachter dies tut, lernen Sie, alle Ihre Gedanken und Gefühle zu akzeptieren, und dadurch auch, sich selbst so anzunehmen, wie Sie sind.

Wir werden uns bald tiefer in diese Visualisierung hineinversetzen. Doch vorher möchte ich Sie an Folgendes erinnern: Wenn die Gefühle für Sie in dieser Übung zu belastend werden oder wenn Sie während der Versammlung des Komitees eine Pause brauchen, können Sie jederzeit tief atmen und sich wieder in die Beobachterposition in der Ecke des Raums begeben. Dort wird es Ihnen leichter fallen, ruhig und mitfühlend mit dem Beobachten fortzufahren.

Machen Sie es sich also bequem. Atmen Sie tief, und achten Sie insbesondere auf die Wendepunkte zwischen Ein- und Ausatmen. Stellen Sie sich vor, Sie steigen auf einer mit einem Teppichläufer bedeckten Treppe in den Versammlungsraum des Komitees hinab ... und gehen zum Konferenztisch, einem großen kreisförmigen Tisch, dessen Holz auf Hochglanz poliert ist und an dem schon einige Komiteemitglieder sitzen. Jedes Mitglied repräsentiert einen anderen Teil von Ihnen, ein anderes Gefühl, einen Gedanken oder eine Einstellung, vielleicht auch ein bestimmtes Lebensalter oder eine Phase Ihres Lebens. Vielleicht kennen Sie ja schon den Namen des ersten Komiteemitglieds. Sie können aber auch jederzeit auf Ihrer Liste nachsehen.

Sobald Sie bereit sind, nehmen Sie Ihren Platz in der Ecke des Versammlungsraums ein und lassen den heilenden und befreienden Prozess beginnen. Sie kennen das Problem, die Herausforderung – Sie wissen, woran Sie arbeiten. Ihre nichtdominante Hand bewegt sich über das Papier, wie es ihr gefällt, und Sie geben dem ersten Mitglied des Komitees die Möglichkeit zu sprechen. Lassen Sie ihm – ganz gleich, ob es »Wütend«, »Ängstlich«, »Schuldig« oder wer auch immer ist – die Zeit, seine Gedanken und Gefühle auszudrücken, aus dem Herzen kommend über den Kopf bis zur Hand. Vielleicht sind Sie wegen dieses Problems wütend auf sich selbst oder auf Menschen, die das Problem hervorgerufen haben, das Ihnen so zu schaffen macht. Vielleicht haben Sie auch Angst davor, erneut zu versagen – oder davor, diesmal Erfolg zu haben. Vielleicht fühlen Sie sich schuldig, weil Sie bestimmte Begierden verspüren oder Hassgedanken haben. Was es auch sein mag, lassen Sie die Gedanken und Gefühle ungehindert fließen. Notieren Sie genau, was das Komiteemitglied, das zu Wort kommt, über das Problem denkt und was es fühlt.

Kritzeln, zeichnen, Wörter schreiben, Bilder malen. Sie ermöglichen diesem Teil von sich nun endlich, sich auszudrücken. Er kann endlich sagen, was er über Ihr Problem sagen will. Lassen Sie zu, dass Sie diesen Teil völlig und bedingungslos akzeptieren, als wäre er ein Kind, das möchte, dass ihm jemand zuhört, und das dringend alles Quälende zum Ausdruck bringen muss. Kein Unterdrücken und Zurückhalten mehr. Akzeptieren und Ausdrücken. Annehmen und Loslassen. Von Ihrem Herzen kommend über den Kopf bis zur Hand.

Sobald Sie das Gefühl haben, dass Sie alles, was das erste Komiteemitglied denkt und fühlt, gehört haben, können Sie sich dem nächsten zuwenden und sich anhören, was es über Ihr Problem zu sagen hat. Gehen Sie in Ihrem eigenen Tempo an diese Arbeit heran. Es gibt keinen Grund zur Eile. Es geht nicht darum, wer zuerst am Ziel ist. Falls Sie den Namen des nächsten Komiteemitglieds nachschauen müssen, ist das in Ordnung. Und wenn Sie schon wissen, wer als Nächstes reden muss, ist das genauso gut. Lassen Sie die Dinge einfach so zu, wie sie von selbst zutage treten. Akzeptieren Sie alles, was das zweite Komiteemitglied denkt und fühlt und in Bezug auf Ihr Problem zum Ausdruck bringt – ohne zu urteilen, ohne zu kritisieren, ohne etwas zu unterdrücken. Nur akzeptieren und ausdrücken. Annehmen und loslassen.

Und dann wenden Sie sich dem nächsten Komiteemitglied zu. Fahren Sie mit dieser Selbsterfahrung fort, bis Sie einmal um den Tisch herumgekommen sind und mit jedem einzelnen Anteil gearbeitet haben. Bei Vincent war es vielleicht ein Zehnjähriger (»Ich will unbedingt einen Hamburger, Pommes und eine Cola«) oder ein Fünfzehnjähriger (»Ich hasse mich – ich sehe so dick aus«) oder ein Zwanzigjähriger (»Einen Dicken stellt doch niemand ein«). Vielleicht gibt es auch noch einen erwachsenen Vincent (»Ich muss anfangen, ernsthaft an meiner Figur zu arbeiten«) oder einen väterlichen oder mütterlichen Vincent (»Du musst selbst die Verantwortung für dein Gewicht übernehmen«). Akzeptieren Sie nacheinander alle Mitglieder Ihres inneren Komitees. Gehen Sie um den ganzen Tisch herum und lassen Sie alle Gefühle, alle Gedanken, alle Bilder und alle Wörter zum Ausdruck kommen.

> Endlich haben Sie diese Möglichkeit. Vielleicht haben Sie das Gefühl, Jahre darauf gewartet zu haben. Sie können hier und jetzt jedem Mitglied Ihres inneren Komitees eine Stimme geben – jedem die Möglichkeit geben, akzeptiert, ausgedrückt und befreit zu werden. Und während Sie akzeptieren und ausdrücken, annehmen und loslassen, werden Sie jetzt und für alle Zeiten entdecken, wie viel leichter und freier Sie sich fühlen und wie viel besser Sie für sich selbst sorgen.

Die Versammlung des Komitees ist für den Prozess FINDE DEINE STIMME deshalb so wichtig, weil sie Ihnen vor Augen führt, wie Sie mit Ihren verschiedenen inneren Anteilen, den Aspekten Ihres Seins, am besten umgehen. Sie können sie nicht einfach vor die Tür setzen; Sie können nur versuchen, sie dazu zu erziehen, kleiner und ruhiger zu werden und sich stärker dem Team zugehörig zu fühlen. Es gibt keine Möglichkeit, bestimmte Anteile völlig zu eliminieren. Auch wenn Sie Ihr ganzes Leben in Therapie verbrächten, alle Bücher läsen, an allen Seminaren teilnähmen, alle auf der ganzen Welt verfügbaren Medikamente ausprobierten, würden Sie diese Komiteemitglieder nicht loswerden.

Die Mitglieder Ihres Komitees werden Sie nicht mehr los. Trotzdem brauchen Sie nicht mit ihnen zusammen *im Komitee* gefangen zu sein. Wenn Sie Ihrer Gefühle gewahr werden, dann akzeptieren Sie sie, und drücken Sie sie aus – drücken Sie sie mit einer authentischen Stimme aus, und hören Sie ihnen gut zu – dann fühlen Sie sich innerhalb weniger Minuten besser und freier.

Ebenso verhält es sich mit Ihren Gedanken. Sie werden immer irgendetwas denken und immer auch mal negative, kritische Gedanken produzieren. Sie können nicht verhindern, dass Sie manchmal negativ denken, und wenn Sie es trotzdem versuchen, verstärken Sie dadurch nur Ihre negative und selbstkritische Haltung. Doch wenn Sie Ihre negativen Gedanken erkennen, annehmen und innerlich zum Ausdruck bringen, fühlen Sie sich in kürzester Zeit entspannt und gelassen.

So einfach ist das. Entweder kümmern Sie sich um Ihre Gefühle und Gedanken (die Mitglieder Ihres Komitees), oder diese übernehmen selbst die Regie. Wenn Sie Ihr Leben im positiven Sinne verändern wollen, haben Sie gar keine andere Wahl. Sie müssen Ihre Gedanken und Gefühle anerkennen, akzeptieren und ausdrücken. Und eine Versammlung Ihres Komitees (und der weiter oben beschriebene Umgang damit) ist eine wunderbare Möglichkeit, dies zu tun.

Nutzen Sie die Technik der Komiteeversammlung so oft, wie Sie wollen, und zu jedem Problem, das Sie plagt. Dies ist die allerbeste Anwendungsart der Methode FINDE DEINE STIMME.

Yin und Yang

Es gibt einen ganz plausiblen Grund dafür, warum es nicht möglich ist, belastende Gedanken und Gefühle, die einem nicht gefallen und von denen man sich gerne trennen würde, einfach loszuwerden. Gemeint ist das Yin-Yang-Prinzip – die Idee der altchinesischen Philosophie, dass alles in der Welt, also auch Gedanken und Gefühle, mit dem jeweiligen Gegenteil unauflösbar verbunden ist. (Übrigens ist dies auch das Prinzip, auf dem die chinesische Fingerfalle basiert – ein Spielzeug, bei dem Freiheit und Gefangenschaft in Form einer kleinen geflochtenen Röhre miteinander verbunden sind.)

Wenn Sie versuchen, mit Ihrem Problem zurechtzukommen, sind Sie besser dran, wenn Sie verstehen und akzeptieren, dass Sie immer sowohl positive als auch negative Gefühle haben werden – Hoffnung und Hoffnungslosigkeit, Freundlichkeit und Kritik, Mut und Furcht usw. –, die allesamt perfekte Ergänzungen ihres Gegenteils sind.

Es folgt eine Meditation über die tiefere Wahrheit des Yin und Yang. Lesen Sie den Text langsam und mit Bedacht, damit Sie Ihre eigene weise und heilende innere Stimme hören.

Schaue auf den Fluss, wie er in seinem Bett dahinfließt.

Vielleicht erscheinen dir die beiden Ufer als getrennt oder einander entgegengesetzt.

Schaust du tiefer, erkennst du, dass sie keineswegs getrennt sind.

Untergründig, auf dem Boden des Flusses, sind sie miteinander verbunden.

Und weil die beiden Ufer durch das tiefe Flussbett miteinander verbunden sind, kann der Fluss fließen.

Doch das Bewusstsein denkt nicht so tief.

Es denkt an den Oberflächen und deshalb in Extremen: Dies oder das, positiv oder negativ, gut oder böse.

Die Wahrheit aber ist: Wenn du dich für eine Seite entscheidest, arbeitest du gegen dich selbst.

Mache dir bewusst und akzeptiere, dass die beiden Ufer Teil des Flusses sind.

Und der Fluss fließt schnell, weil die Ufer so stark befestigt sind.

Menschen, die an ihren Problemen arbeiteten, haben mir kopfschüttelnd gesagt:

»Gestern hatte ich die Dinge unter Kontrolle und heute kaum noch.«

Kontrolle stellt sich jedoch nie von selbst ein; und der Kontrollverlust folgt sozusagen zwangsläufig.

Beobachte am Strand die Wellen; auch ihnen ergeht es so.

Nach einer Serie großer Wellen folgt wieder eine lange Windstille.

In der einen Minute bist du eine riesige Welle, in der nächsten die ruhige See.

An einem Tag ist dein Kontrollvermögen stark, am nächsten ist es schwach.

Wo Gipfel sind, sind auch Täler.

Sei dir dessen bewusst, und akzeptiere sie beide.

Genieße die Kontrolle, solange du sie hast, und genieße es auch, wenn du die Kontrolle verlierst.

Kontrolle wirkt sehr anregend, doch niemand kann ständig im Zustand höchster Erregung verweilen.

Und was spricht dagegen, die Dinge hin und wieder loszulassen und die Kontrolle zu verlieren? Dies kann entspannend wirken – und Spaß machen.

Auch Atmen ist nicht nur Einatmen und Ausatmen, nicht nur »entweder … oder«.

Es ist die Verbindung der beiden, die den Atemfluss erzeugt.

Der Atem strömt ein und wieder aus – in deinem Rhythmus, und es ist dieser Rhythmus, der dich am Leben erhält.

Vertraue deinem Rhythmus, und genieße das Einatmen wie das Ausatmen.

Es ist nicht gut, sich für eine der beiden Seiten zu entscheiden.

Die Balance ist es, was das Leben ausmacht.

Offen und geschlossen

Dass das Leben ein dynamisches Gleichgewicht von Gegensätzen (also dialektisch) ist, zählt zu jenen wirklich tiefreichenden Erkenntnissen, welche die Grenzen von Kulturen und Zeitaltern überdauern. Diese Idee ist nicht nur im taoistischen Denken Chinas zu finden, sondern auch in der griechischen, hinduistischen, buddhistischen und talmudischen Philosophie sowie bei den deutschen Philosophen des 19. Jahrhunderts. Auch die gleichermaßen einfach wie elegant formulierten Zeilen des Dichters Jalal ad-Din Rumi, eines Sufi-Gelehrten, Mystikers und Dichters der Selbstentdeckung aus dem 13. Jahrhundert, lassen sie erkennen.

> *Deine Hand öffnet und schließt sich und öffnet und schließt sich.*
>
> *Wäre Sie ständig zur Faust geballt oder immer offen ausgestreckt, wärest du gelähmt.*
>
> *Deine tiefste Präsenz äußert sich in jedem noch so geringen Zusammenziehen und Ausstrecken.*
>
> *Diese beiden sind so wunderbar ausgewogen und aufeinander abgestimmt wie die Flügel eines Vogels.*

Wenn Sie das nächste Mal gestresst sind und mit aller Kraft versuchen, sich von Ihren negativen Gefühlen zu befreien, dann öffnen und schließen Sie Ihre Hand einfach einige Male. Sogar im Alltagsleben können Sie dies üben. Öffnen und schließen … öffnen und schließen. Dies hilft Ihnen, den Rhythmus des Lebens als eine Form von Synergie zu empfinden, und vielleicht ermutigt es Sie auch dazu, Ihre beiden Seiten anzuerkennen und zu akzeptieren.

Nicht vollkommen, aber voll in Ordnung

So wie Diane mit ihrem »sollte« haben die meisten Menschen, die mit persönlichen Problemen zu kämpfen haben, das Gefühl der inneren Balance verloren, und sie leben in dem Glauben, sie müssten vollkommen sein. Sie meinen, es gehe darum, sich ein für alle Mal »in Ordnung« zu bringen oder das, was mit ihnen nicht in Ordnung ist, endlich »loszuwerden«. Machen sie dann Fehler – was natürlich täglich, und zwar mehrfach, passiert –, entwickeln sie eine Ablehnung gegen sich selbst, verurteilen sich und peinigen sich durch Selbstkritik. Sie haben dann das Gefühl, sie hätten versagt. War ich nicht konsequent genug? War ich zu faul? Bin ich ein schlechter Mensch? Warum kann ich das nicht? So setzen sie sich ständig unter Druck.

Der eigentliche Fehler dieser Menschen – und der Grund dafür, dass sie es nicht schaffen, ihre Ziele zu erreichen – ist, dass sie sich nicht erlauben, Fehler zu machen, dass sie sich nicht so, wie sie sind, annehmen, dass sie es nicht genießen, sie selbst zu sein, mit Fehlern und allem anderen, das zu ihnen gehört.

Wenn Sie die Arbeit an Schritt 1 abschließen, sollten Sie sich vergegenwärtigen, dass Sie – so gewissenhaft Sie auch üben und die FINDE DEINE STIMME-Techniken meistern mögen – nie zur völligen Perfektion gelangen werden. Auch wenn es Ihnen gelingt, Ihre Probleme vollständig zu erspüren, werden diese sich nicht einfach in Luft auflösen. Sie werden auch weiterhin von Angst, Wut, Schmerzen, Begierden und dergleichen geplagt werden. Aber Sie können Ihr Bewusstsein für Ihre Situation schärfen und lernen, sie anzunehmen, wie sie ist, sie auszudrücken und so besser damit umzugehen und dadurch die Bedeutung dieser Faktoren für Ihr Leben zu verringern.

Kurzum: Sie werden dann zwar immer noch nicht vollkommen sein, aber zumindest voll in Ordnung.

Das Gasthaus

Als Diane sich gegen Ende unserer Zusammenarbeit entspannter fühlte, verriet sie mir ihr Geheimnis: »Ich habe gelernt, mir meine Dämonen und Engel zu Freunden zu machen. Ich erkenne allmählich die vielen ›Ich sollte …‹ in meinem Leben und fange an, über sie zu lachen. Und dadurch ist das Leben für mich leichter geworden.«

Das Leben ist leichter geworden. Genau das passiert, wenn Sie sich alle Aspekte Ihrer Persönlichkeit bewusst machen, sie akzeptieren und sie ausdrücken – alle Ihre »Ich sollte …« und »Ich sollte nicht …«, alle positiven und negativen, alle guten und schlechten Aspekte von Ihnen. Das Leben ist voll von solchen konkurrierenden Gedanken und Gefühlen – man kann ihnen nicht entkommen – und die beste Art der Selbstfürsorge besteht darin, das zu lernen, was sie uns lehren: Kämpfen Sie nicht gegen sie an, versuchen Sie nicht, sie Ihrer Kontrolle zu unterwerfen, sondern erleben Sie sie mit Freude und nehmen Sie sie einfach an, wenn sie auftauchen.

Und die wunderbare Ironie daran ist: Sobald Sie über Ihre eigene Unvollkommenheit ein wenig lachen können, entdecken Sie in Ihrem Lachen die mächtige Stimme Ihrer tiefen inneren Weisheit.

Rumi fasst in einem weiteren einfachen und doch von zeitloser Einsicht geprägten Gedicht wunderschön zusammen, was es bedeutet, sich als ganzheitliches menschliches Wesen zu erleben.

Das Gasthaus

Das menschliche Dasein ist ein Gasthaus.

Jeden Morgen ein neuer Gast.

Eine Freude, ein Kummer, eine Gemeinheit,
und auch ein flüchtiges Gewahrsein kommt
als unerwarteter Besucher.

Heiße sie alle willkommen, und bewirte sie!
Und wenn es auch eine Schar von Sorgen ist,
die dein ganzes Mobiliar aus dem Haus fegen,
behandle trotzdem jeden einzelnen Gast mit Würde.
Vielleicht bereitet gerade er dir den Weg
zu ganz neuen Freuden.
Dem dunklen Gedanken, der Scham, der Bosheit,
öffne ihnen lachend die Tür,
und bitte sie ins Haus.

Sei jedem dankbar, der kommt,
denn alle sind dir gesandt,
als Lotsen aus einer anderen Welt.

2 Das Problem beurteilen

Jonathan bezeichnete sich selbst als pornografiesüchtig. Er hasste die Geheimnistuerei, zu der er sich wegen seiner Besessenheit gezwungen fühlte, und er hasste auch sich selbst, wenn er wieder mal nicht widerstehen konnte, sich Hardcore-Sexfilme anzuschauen. Er hatte das Gefühl, ständig gegen seine eigenen Prinzipien zu handeln, und angewidert äußerte er über sich selbst: »Ich bin nicht der Mensch, der ich sein möchte.«

Christina war immer schnell mit selbstkritischen Äußerungen bei der Hand. Sie bezeichnete sich als »verkrampft«, als »Kontrollfreak« und »für nichts zu gebrauchen«. Sie verglich sich mit ihrer Schwester, die sie als das genaue Gegenteil von sich sah: »entspannt, Mutter zweier Kinder, ein netter Mensch usw.«. Christina war Kettenraucherin, und sie machte sich Vorwürfe, weil sie sich nicht in der Lage fühlte, das Rauchen aufzugeben.

Robert fühlte sich außerstande, seine Ängste unter Kontrolle zu halten – Ängste vor Konflikten, Zurückweisungen und vor dem Sterben –, und er machte sich starke Vorwürfe, weil er ein solcher Schwächling war. Es erschien ihm »lächerlich«, dass jemand, der so klug wie er war, nicht mit seinen Ängsten fertig würde. Ihm war klar, dass er selbst »sein größter Kritiker« war. Aber er fand, dass er es einfach nicht verdiene, glücklich zu sein.

Sandra wurde von Schuldgefühlen und dem Frust über eine gescheiterte Ehe geplagt. Außerdem wurde sie immer wieder von tiefer Traurigkeit und Hoffnungslosigkeit überfallen, und sie konnte dies einfach nicht ertragen. Sie fand es schrecklich, zu weinen und sich hilflos zu fühlen, und sie war in solchen Situationen von dem Gefühl besessen: »Ich bekomme es einfach nicht hin!« Deshalb versuchte sie, ihre Probleme »wegzutrinken«, doch dabei spielte ihr Magen nicht mit.

Aufgrund meiner Arbeit mit Tausenden von Klienten wie Jonathan, Christina, Robert und Sandra bin ich zu dem Schluss gekommen, dass Menschen, die mit persönlichen Problemen kämpfen, von erdrückender Selbstkritik geplagt sind. Es ist, als gäbe es in ihnen einen ständig aktiven, unnachgiebigen Richter, der nichts anderes tut, als sie wegen ihrer unzulänglichen Gedanken, Gefühle und Verhaltensweisen zu kritisieren, zu verurteilen und zu bestrafen. Dies ist der innere Richter, den ich schon in der Einleitung zu diesem Buch erwähnt habe. Es ist der innere Kritiker in der fünfzehnten Reihe, der sich Ihren Lebensfilm nur anschaut, um darin Mängel zu entdecken und anzuprangern. Dieser Teil von Ihnen beschuldigt Sie ständig, beschwert sich, neigt zum Überinterpretieren, ist nie zufrieden, weiß alles besser, versucht unablässig, Sie zu kontrollieren, vergleicht Sie mit anderen, ist gierig und anspruchsvoll, macht sich pausenlos Sorgen und ist bemüht, es anderen immer recht zu machen – es ist der Teil von Ihnen, der denkt: »Ich bin nicht gut genug«, »Was denken diese Leute wohl von mir?«, »Das führt doch sowieso zu nichts«. Dieser Teil von Ihnen kann eine laute, negative Stimme in Ihrem Kopf sein, die sich Tag und Nacht ununterbrochen äußert.

Können Sie sich befreien?

Natürlich bin ich nicht der Erste, dem dieser urteilende Aspekt unseres Wesens aufgefallen ist. Im Jahre 1923 bezeichnete Sigmund Freud diesen Teil von uns als das »Über-Ich«, und später nannte Thomas Harris ihn in seinem Buch *Ich bin okay, du bist okay* (Harris 1975) – das erste moderne Selbsthilfebuch, das zum Bestseller wurde – unser inneres »Eltern-Ich«. Don Miguel Ruiz spricht in seinem Buch *Die vier Versprechen* (Ruiz 2012) vom »großen Richter« und vom »Buch der Gesetze« in uns, und Eckhart Tolle nennt das Gleiche in seinen Bestsellern *Jetzt!*

Die Kraft der Gegenwart (Tolle 2004) und *Eine neue Erde* (Tolle 2005) »Ego« oder »Ego-Geist«.

Auch wenn ich die Schriften von Ruiz und Tolle bewundere und ich mich vielem, was sie über den Ursprung des inneren Richters bzw. des »Ego« sagen, anschließen kann, bin ich bei allem Respekt nicht damit einverstanden, was wir nach Meinung dieser Autoren mit dem Richter bzw. dem »Ego« *tun* sollen. Ruiz und Tolle glauben, wir müssten versuchen, diesen Teil von uns loszuwerden. Ruiz sagt, man müsse ein »Krieger« sein und kämpfen, um »sich von der Tyrannei des Richters zu befreien«. Tolle geht sanfter an das Problem heran, äußert aber praktisch das Gleiche: Indem man die »Weisheit des Nicht-Urteilens« erlerne, könne man sich vom kritisierenden Geist »befreien« und »das Ende des Ego« erreichen.

Aus meiner dreißigjährigen praktischen Erfahrung in der Beratung Tausender Klienten habe ich die Erkenntnis gezogen, dass es nicht möglich ist, sich vom inneren Richter/Kritiker/Ego zu befreien. Es ist einfach unmöglich, diesen Anteil loszuwerden. Es gibt weder Therapien noch Medikamente noch eine Stufe der Erleuchtung, die dies vermögen. Menschen versuchen ständig – manche sogar ihr Leben lang –, diesen Teil von sich zu bekämpfen und zu erobern, aber er verschwindet einfach nicht.

Der Guru mit den Zahnschmerzen

Zur Veranschaulichung dessen, was ich meine, möchte ich Ihnen eine Geschichte erzählen, die ich erlebt habe.

Im Jahre 1997 reiste ich nach Indien, um Körper-Geist-Heilung zu lehren, aber auch, um selbst von den berühmten Gurus, die dort leben und arbeiten, zu lernen. Ich hatte viel über einen Zustand der »Erleuchtung« gelesen, den einige erreicht haben, und ich wollte solche Menschen kennenlernen und herausfinden, *wie* es ihnen gelungen war. Ich hielt es für möglich, zur vollständigen Erleuchtung zu gelangen, und ich wollte in dieses Geheimnis eingeweiht werden.

Während meiner Reise lernte ich viele wunderbare Lehrer kennen, doch schließlich begegnete ich einem wirklich absolut beeindruckenden Guru: Er war brillant, einfach, machtvoll, sehr ruhig, friedvoll, stark, bescheiden und völlig im Hier und Jetzt. Weil ich selbst als Lehrer tätig war, ermöglichte man mir, diesen Mann »hinter den Kulissen« kennenzulernen und in einen Teil seines Privatlebens Einblick zu nehmen, den sonst niemand sah – sein Schlafzimmer, sein Bad, seine Bibliothek usw.

Eines Morgens – vor meinem Vortrag für die Mitglieder seines Aschrams (er wollte mich der Gruppe vorstellen) – saßen wir in seiner wunderschönen Bibliothek, die von Büchern über Philosophie, Spiritualität, Heilung, Transzendenz, Meditation und dergleichen, geradezu *überquoll*. Dass er nicht sprach, wunderte mich zunächst nicht, denn er verlor generell nicht viele Worte.

Doch diesmal war irgendetwas anders. Mir fiel auf, dass er sich die Hand an den Mund hielt, und dann produzierte er ein Geräusch, das ein Mittelding zwischen einem »Om«-Summen und einem Hilferuf war.

Als ich ihn fragte, ob ich etwas tun könnte, sagte er: »Wahrscheinlich nicht«, und erklärte mir dann kurz, er habe schreckliche Zahnschmerzen und warte auf den Besuch seines Zahnarztes. Zwei meiner Bücher enthalten Kapitel, in denen es um Heilung, Entspannung, Schmerzkontrolle und bestimmte Techniken speziell für die Zahnheilkunde geht. Das erwähnte ich ihm gegenüber (er hatte diese Bücher sogar in seiner Bibliothek stehen), doch er entgegnete nur: »Nein, danke.« Er wartete auf den Zahnarzt.

Dann rief der Zahnarzt an, und er muss ihm wohl gesagt haben, er komme ein wenig später, denn der Guru antwortete: »Mein Zahn tut weh, und ich soll gleich vor den Mitgliedern meines Aschrams sprechen. Können Sie sich nicht etwas beeilen?« Daraufhin sagte der Zahnarzt wohl, er beeile sich ohnehin schon, denn der Guru erwiderte: »Können Sie sich noch etwas mehr beeilen?«

Die Spannung stieg, und wahrscheinlich wurden auch die Zahnschmerzen stärker.

Der Guru hatte Schmerzen, die offensichtlich immer stärker wurden, und ließ deutlich erkennen, dass er in einer ziemlich misslichen Lage war. Er erklärte mir, sein Zahnarzt habe »immer eine Entschuldigung«, aber er bevorzuge ihn dennoch, weil er Lachgas benutze und eine sehr gute Ausbildung in Amerika erhalten habe. Außerdem komme er sonst immer pünktlich – »Na ja, diesmal nicht«, ergänzte er verärgert. Dann folgten noch ein paar weitere gereizte Bemerkungen über das Zuspätkommen des Zahnarztes.

Nach etwa dreißig unangenehmen Minuten kam der Zahnarzt endlich und konnte die Behandlung auch schnell durchführen. Im Nu ging es dem Guru besser; er war wieder glücklich und nun bereit, sich mit seinen Anhängern zu treffen.

Diese Szene mitzuerleben war faszinierend und äußerst lehrreich für mich. Während der Guru auf seinen Zahnarzt wartete, verschwand seine Erleuchtung völlig, und er war eine Weile ein ganz normaler Mensch – er war ungeduldig, beklagte sich und kritisierte den Zahnarzt, so wie auch jeder von uns es hätte tun können. Dann verschwanden seine Zahnschmerzen, und er war wieder so entspannt und erleuchtet wie vorher.

Ich lernte also tatsächlich eine wertvolle Lektion, wenn auch nicht die, die ich erwartet hatte. Ich lernte, dass »Erleuchtung« kein dauerhafter, konstanter Zustand des Geistes ist, den man ein für alle Mal erlangt, dass es sich vielmehr um einen spirituellen Prozess handelt, den man jeden Tag üben muss. Außerdem lernte ich, dass selbst besonders erleuchtete Menschen – Meister des inneren Friedens – weiterhin einen inneren Richter haben.

Ein Begleiter fürs Leben

Ich wiederhole noch einmal, dass der innere Richter nach meiner Auffassung ein integraler, unauslöschbarer Teil von uns allen ist – er begleitet uns das ganze Leben lang als fester Bestandteil unseres Seins. Er ist die Summe aller Konditionierungen auf eine kritische Haltung, auf Misstrauen und Selbstzweifel, die in unserer Kindheit entstanden sind. Er ist das Resultat der Negativität, die uns Eltern, Geschwister, Lehrer, Ausbilder, »Freunde« und Feinde eingetrichtert haben – all jene, die uns jemals bestraft oder tyrannisiert haben. Er ist Ausdruck des Egoismus und der Eitelkeit (»Alles dreht sich um mich«), die ein Großteil der Popkultur uns gelehrt hat – Haute-Couture-Mode und die Stars aus Hollywood, dem Fernsehen, der Rockszene und dem Sport. Sogar Ihre eigenen urteilenden Persönlichkeitszüge zählen dazu. So sehr Sie sich auch bemühen mögen, Sie können alle diese Konditionierungen nicht ohne Weiteres loswerden und sie durch etwas Neues ersetzen. Im Heimkino Ihres Geistes können Sie nicht einfach auf einen anderen Film umschalten, wenn Ihnen der, den Sie gerade sehen, nicht gefällt.

Und warum sollten Sie auch versuchen, Ihren inneren Richter loszuwerden? Nach meiner Auffassung hat er eine *Qualität* – ein Teil Ihrer Wesensnatur, der Ihnen im Leben helfen kann, beispielsweise wenn Sie kluge Entscheidungen treffen müssen, wenn Sie einen eigenen Standpunkt vertreten müssen, wenn Sie mit Zahlen oder Zeitplänen hantieren oder ein Auto lenken müssen usw. Hingegen bezeichnen Ruiz und Tolle den inneren Richter als seelischen »Parasiten«, der dafür verantwortlich sei, dass es uns ständig schlecht gehe, weil er sich von unseren Schmerzen ernähre – und in diesem Punkt muss ich der Auffassung der beiden genannten Autoren ganz klar widersprechen.

Nach meiner Auffassung besteht das Problem nicht darin, dass wir einen inneren Richter *haben*, sondern darin, wie wir mit diesem *umgehen*. Wenn Sie versuchen, gegen Ihren inneren

Richter zu kämpfen, um ihn zum Schweigen zu bringen, ihn zu besiegen, umzuprogrammieren oder zu dominieren, erreichen Sie das Gegenteil: Dem inneren Richter fließt dadurch so viel Energie zu, dass er noch stärker wird und Sie in der Hand hat.

Wir haben es hier wieder mit der Falle zu tun, die schon in Schritt 1 beschrieben wurde: Je intensiver Sie versuchen, sich von Ihrem inneren Richter zu befreien, umso stärker neigen Sie zum (Ver-)Urteilen. Im Grunde richten Sie dann über Ihren eigenen inneren Richter – und dadurch wird das Problem noch größer, als es ohnehin schon war.

Widerstand macht es nur noch schlimmer

Wie sollten Sie denn dann mit Ihrem inneren Richter am besten umgehen? Das Bemühen, diese Frage zu beantworten, führt uns zum entscheidenden zweiten Schritt von FINDE DEINE STIMME.

Die Antwort lautet: Wenn Sie die Herausforderung, mit der Sie sich konfrontiert sehen, wirklich voll und ganz erlebt haben, müssen Sie sich ein paar Minuten Zeit nehmen und zulassen, dass Sie *über sich selbst urteilen*. Sie haben richtig gelesen. Lassen Sie Ihren inneren Richter zu seinem Recht kommen. Lassen Sie Ihren inneren Kritiker in der fünfzehnten Reihe aufstehen und seine Meinung sagen. So schenken Sie dem inneren Richter die gleiche Aufmerksamkeit und erweisen ihm den gleichen Respekt wie in Schritt 1 Ihrem Problem – Sie *werden* sich des inneren Richters also *bewusst*, Sie *akzeptieren* ihn, und Sie lassen ihn *zum Ausdruck kommen*. Nur indem Sie den inneren Richter anerkennen, ihn erkennen, ihn zulassen, ihm zuhören und mit ihm arbeiten – indem Sie ihn zu einem Mitglied des Teams machen –, können Sie mit diesem negativen Anteil von sich Frieden schließen und seine Stimme besänftigen.

Vielleicht kommt Ihnen dies paradox vor, aber so ist nun mal die menschliche Natur. Wenn Sie gegen etwas Widerstand entwickeln, stärken Sie es, und es verfolgt Sie dann Ihr ganzes weiteres Leben Schritt für Schritt. Wenn Sie eines Problems jedoch gewahr werden, wenn Sie es akzeptieren und ausdrücken, setzt es sich nicht mehr zur Wehr, es entspannt sich und verliert in kürzester Zeit an Stärke.

Und nun kommt das Wichtigste: Nur wenn es Ihnen gelingt, die Beziehung zu Ihrem Kritiker aus der fünfzehnten Reihe ins Reine zu bringen und seine Stimme zu besänftigen, können Sie hoffen, in die letzte Reihe zu gelangen und die Stimme Ihrer inneren Weisheit zu hören.

In Verneinungen gefangen

Zuerst müssen Sie sich also Ihres inneren Richters bewusst werden. Das ist leichter gesagt als getan. Meist ist Ihr innerer Richter Ihnen so vertraut, er ist ein so fester Bestandteil von Ihnen, so tief in Ihrem Gehirn verankert, dass Sie ihn nicht einmal bemerken.

Nach meinen Beobachtungen leben 95 Prozent der Menschen, die sich mit körperlichen oder emotionalen Problemen abmühen, während 95 Prozent ihrer Lebenszeit in einer Atmosphäre, die von Selbstkritik, Verachtung und Verurteilung geprägt ist. Sie sagen ständig Dinge über sich selbst, die einfach nicht zutreffen – dass sie *nicht* gut genug sind, sich *nicht* selbst helfen können und *keinen* Erfolg haben werden sowie dass sie *kein* so guter Mensch sind, wie sie es sein sollten, und dass sie es *nicht* verdienen, glücklich zu sein. Diese negativen Selbstinduktionen hören einfach nicht auf – wie bei einer Schallplatte mit einem Kratzer, die immer an der gleichen Stelle hängen bleibt. Ich nenne diesen Zustand »in Verneinungen gefangen«, und er ist für viele Menschen, mit denen ich arbeite, zur zweiten Natur geworden.

Nun ist die Stimme des inneren Richters schließlich nicht nur ein leicht irritierendes Hintergrundgeräusch, sondern immer auch ein wichtiger Aspekt Ihres Problems, der stark an der Intensivierung und Perpetuierung von Angst, Begierden, Wut, Traurigkeit und dergleichen beteiligt ist. Sie wissen selbst, wie das vor sich geht. Sie bemühen sich intensiv, etwas zu tun, damit Sie sich wieder besser fühlen, aber damit kommen Sie nicht weiter. Sie debattieren stundenlang mit sich selbst und glauben, Sie hätten ein Problem gelöst – aber dann tauchen fünf neue auf. Warum? Weil Ihr innerer Richter der Widerspruch in Person ist und mit Ihren Lösungsideen niemals einverstanden sein kann. Er nimmt seine Aufgabe sehr, sehr ernst und übermittelt Ihnen deshalb eine Botschaft nach der anderen (er schweigt so gut wie nie) über Selbstzweifel, Unglücklichsein, Missbilligung, Misserfolg, Argwohn usw.

Wenn es um Ihr Problem geht, um die Herausforderung, mit der Sie konfrontiert sind, machen Sie so lange keine nennenswerten Fortschritte, bis Sie lernen, mit Ihrem inneren Richter so umzugehen, dass er Ihr Leben nicht mehr dominiert. Wohlgemerkt: Es geht nicht darum, ihn loszuwerden, sondern darum, dass er lockerer wird und sich entspannt. Lassen Sie ihn für eine Weile zur Ruhe kommen. Ich bezeichne dies als einen Prozess, in dem man »sich von der fünfzehnten Reihe löst«. Er beginnt mit der Erkenntnis, dass Ihr innerer Richter Sie schon seit Ihrer Kindheit begleitet.

Die Elternfalle

Die Neigung zur Selbstkritik entsteht fast immer schon in der Kindheit, und zwar durch die Werte und kritischen Bemerkungen unserer Eltern, die versucht haben, uns ihrer Kontrolle zu unterwerfen und uns dahin gehend zu erziehen, sich »gut zu benehmen«.

Beispielsweise lernte mein Klient Vincent (den ich bereits in Zusammenhang mit Schritt 1 erwähnt habe) schon als Kind zu Hause, sehr selbstkritisch zu sein. Wenn er versuchte, mit seinen Eltern darüber zu reden, dass er traurig und frustriert war, weil er in der Schule als »Dickerchen« bezeichnet wurde, unterbrachen sie ihn und forderten ihn auf: »Reiß dich doch zusammen!«, »Sei keine Heulsuse!« oder »Vergiss das doch einfach wieder!«. Vincent lernte schnell, dass er seinen Eltern nur gefallen konnte, wenn er sich selbst tadelte – sich selbst also ebenso prompt und streng verurteilte, wie sie das taten.

Diese verurteilende, kritisierende Einstellung forderte von der ganzen Familie ihren Tribut. Sowohl die Eltern als auch der Bruder und die beiden Schwestern von Vincent waren stark übergewichtig, geradezu fettleibig. Wenn in der Familie Gefühle kritisiert und unterdrückt wurden, spielte Essen immer eine wichtige Rolle – und je mehr Essen, desto besser. Essen war die Bewältigungsmethode der Wahl für die ganze Familie. Durch übermäßiges Essen versuchten alle Familienmitglieder, mit ihren Gefühlen fertig zu werden. Weil niemand in der Familie in der Lage war, Emotionen zu akzeptieren oder auszudrücken, unterdrückten alle ihre Gefühle, indem sie viel aßen.

Eine andere Klientin, Marie, sagte zu mir: »Ich weiß, dass ich immer die Geduld verliere, wenn ich versuche, den Forderungen meiner drei kleinen Kinder gerecht zu werden. Allerdings ist mir nicht klar, wie ich an diesen Punkt komme oder wann das passiert. Manchmal brülle ich die Kinder an … und danach schäme ich mich.« Dies ist der innere Richter in subtiler Form: Marie kritisiert ihre Kinder *und* sich selbst, weil sie ihre Kinder kritisiert.

Ich habe nicht vor, die Schuld auf Vincents Eltern oder Marie oder auf einzelne andere Väter oder Mütter zu schieben. Die meisten Eltern sitzen selbst in der fünfzehnten Reihe fest und kämpfen mit ihrem inneren Kritiker. Sie tun zweifellos ihr Bestes, aber sie geben zwangsläufig einige der Probleme weiter, die sie von ihren Eltern übernommen haben. Tatsache ist und bleibt aber: Ihr innerer Richter ist in Ihrer Kindheit geboren und wird in einer familiären Atmosphäre, die von Kritik geprägt ist, umso stärker.

So geht es mehr oder minder uns allen. Die meisten Eltern haben die besten Absichten, kennen aber keine bessere Methode, ihre Kinder an bestimmte Regeln und Pflichten zu erinnern, als sie zu schlagen, sie anzubrüllen, sie auszuschimpfen und sie zu bestrafen. Dadurch vermitteln sie ihren Kindern täglich, wie man sich verurteilend und strafend verhält – und dass es *richtig* ist, sich so zu verhalten.

Abgesehen davon reagieren die meisten Kinder sehr sensibel auf Konflikte in der Familie und geben sich oft selbst die Schuld an bestehenden Spannungen, an Beziehungsstress und an mangelnder Liebe – und an noch wesentlich größeren Problemen –, und sie entwickeln sehr leicht Gefühle wie »Es ist meine Schuld«, »Mit mir stimmt etwas nicht« oder »Ich muss etwas falsch gemacht haben«. Weil solche unzutreffenden Aussagen so stark mit Emotionen aufgeladen sind, können sie sich, wenn sie oft genug wiederholt werden, zu gefestigten negativen Urteilen der Betreffenden über sich selbst entwickeln, die einen das ganze Leben lang begleiten.

Auf diese Weise programmieren Eltern ihre Kinder zum Unglücklichsein – und das geschieht leider nur allzu oft.

Familiäre Wurzeln

Nun ist es an der Zeit, dass Sie sich Ihrer eigenen negativen Konditionierung bewusster werden – dass Sie Ihren inneren Richter erkennen lernen, indem Sie sich vergegenwärtigen, durch welche Beziehungen innerhalb Ihrer Ursprungsfamilie er entstanden ist.

Der folgende kurze Fragebogen wird Ihnen dabei helfen. Markieren Sie bei jeder Frage entweder die Antwort »a« oder »b«. Nehmen Sie sich so viel Zeit, wie Sie brauchen, um über jede Frage ein wenig nachzudenken, und antworten Sie so ehrlich wie möglich. Machen Sie sich bitte keine Gedanken darüber, ob oder dass Sie Ihre Eltern schützen müssten. Wenn es um die persönliche Entwicklung geht, ist Ehrlichkeit immer die beste Richtschnur.

Fragebogen zur Ursprungsfamilie

1. Meine Erinnerungen an meine Mutter sind
   a) für mich meist belastend und unangenehm.
   b) meist friedlicher und glücklicher Natur.
2. Die Beziehung meiner Eltern zueinander war oft
   a) von Wut und Anspannung bestimmt.
   b) durch Liebe und Respekt gekennzeichnet.
3. Wenn ich an meinen Vater denke, empfinde ich meist
   a) Distanz und Kühle.
   b) Nähe und Wärme.
4. Zuneigung zu zeigen war für meine Mutter
   a) schwierig, und sie hat es nur selten getan.
   b) ganz natürlich, und sie hat es ziemlich oft getan.
5. In meiner Familie hatte ich das Gefühl,
   a) meine Gefühle verbergen zu müssen.
   b) meine Gefühle mitteilen zu können.
6. Mein Vater spielte mit mir
   a) nur selten, und es fiel ihm schwer.
   b) regelmäßig, und es fiel ihm leicht.
7. Generell habe ich das Gefühl, dass meine Eltern
   a) von mir enttäuscht waren.
   b) stolz auf mich waren.
8. Wenn ich einen Fehler gemacht habe, fühlte ich mich oft
   a) kritisiert und bestraft.
   b) geliebt und unterstützt.
9. Meine Eltern erwarteten von mir
   a) Gehorsam.
   b) Unabhängigkeit.
10. Meine Mutter war eher
    a) vorsichtig und behütend.
    b) mutig und ermutigend.
11. Meine Eltern wünschten sich von mir
    a) mehr Bescheidenheit.
    b) mehr Selbstbewusstsein.
12. Mein Vater war eher
    a) vorsichtig und um Kontrolle bemüht.
    b) gelassen und tolerant.

Auswertung

Die Zahl Ihrer »a«-Antworten ist ein guter Indikator dafür, wie tief der innere Richter in der Kindheit bei Ihnen verankert wurde, und somit auch dafür, wie stark sein heutiger Einfluss auf Sie als Erwachsener ist. Addieren Sie Ihre »a«-Antworten und lesen Sie im Folgenden nach, was Ihr Punktwert über Ihre Situation aussagt.

1–3 »a«-Antworten: leicht kritisierende Haltung

Sie fühlen sich häufig unzulänglich und ein wenig schuldig, als ob Sie nicht gut genug wären oder als ob Sie etwas falsch gemacht hätten. Kleinigkeiten können Sie auf die Palme bringen und Sie frustrieren oder nervös machen. Sie sind anderen gegenüber kritisch, bemühen sich aber andererseits sehr, es anderen recht zu machen. Sie wollen alles möglichst richtig machen, sind aber mit den Resultaten Ihrer Bemühungen nie ganz zufrieden.

4–6 »a«-Antworten: stark kritisierende Haltung

Sie fühlen sich unterlegen und schämen sich Ihrer selbst. Sie nehmen sich auch die kleinsten Fehler übel. Sie sind oft angespannt und wütend und wünschen sich, besser zu sein, als Sie sind. Außerdem haben Sie das Bedürfnis, Ihre Mängel zu beheben. Sie kritisieren und verurteilen andere schnell, obwohl Sie sich nach ihrer Bestätigung sehnen. Sie sind sogar bemüht, andere zu beeindrucken, und Sie hassen sich, weil Sie sich dies als Falschheit ankreiden.

7 oder mehr »a«-Antworten: äußerst kritische Haltung

Sie fühlen sich wertlos und sehr unzulänglich, und Sie glauben, Sie verdienten es nicht, glücklich zu sein. Sie haben das Gefühl, von »bösen« Gedanken, Gefühlen und Gewohnheiten beherrscht zu werden, und Sie versuchen, die Kontrolle über sich zu gewinnen und Ihre Dämonen zu bekämpfen. Sie kritisieren andere, aber noch stärker sich selbst. Sie haben das Gefühl, vollkommen sein zu müssen, aber Ihnen ist klar, dass es Ihnen nie gelingen wird, Ihren eigenen Maßstäben zu genügen.

Rückblick

Wenn der Fragebogen über Ihre familiären Ursprünge Sie dazu gebracht hat, sich mit der Rolle Ihrer Eltern (oder anderer Personen, die eine Elternrolle eingenommen haben) bei der Etablierung Ihres inneren Richters zu beschäftigen, ist es sinnvoll, diese Spur weiterzuverfolgen, solange Ihre Erinnerungen und Empfindungen noch frisch sind. Die folgende introspektive Übung wird Ihnen helfen, sich zu den Wurzeln des Problems vorzuarbeiten.

Nehmen Sie sich zunächst ein paar Minuten Zeit für sich allein und kommen Sie zur Ruhe. Setzen Sie sich auf einen bequemen Stuhl, atmen Sie ein paar Mal tief, und legen Sie sich Ihr Tagebuch und einen Stift bereit.

Lassen Sie nun mit geschlossenen Augen Ihren Geist durch Ihre Kindheit schweifen, und versuchen Sie, sich an Familiensituationen zu erinnern, in denen Sie sich stark kritisiert fühlten oder in denen Sie schwer bestraft wurden. Lauschen Sie Ihrer wahren, authentischen Stimme, während Sie in Ihre Gefühle eintauchen. Haben Sie in jener Situation Angst, Ärger, Schuldgefühle, Wut oder Traurigkeit empfunden? Wenn die Erinnerungen zurückkommen, dann notieren Sie sie sofort in Ihr Tagebuch (möglichst mit Ihrer nichtdominanten Hand, auch wenn Sie mit ihr nur kritzeln oder zeichnen können). Sie können beim Schreiben die Augen zunächst offenhalten; aber später sollten Sie sie schließen.

Sie könnten sich fragen: Gibt es eine bestimmte Person oder mehrere Menschen, die dafür verantwortlich waren, dass Sie sich kritisiert, verurteilt oder bestraft fühlten? War es Ihre Mutter? Oder Ihr Vater? Oder beide Eltern? Oder eine andere wichtige Bezugsperson?

Versuchen Sie, sich möglichst genau daran zu erinnern, was zu jener Zeit geschah. Sind Sie zu Hause stark kritisiert oder bestraft worden? Im Haus oder außerhalb des Hauses? Wenn im Haus, in welchem Zimmer hat sich das abgespielt? Und zu welcher Tageszeit geschah es? War die Bestrafung mit körperlicher Gewalt verbunden (Prügel, Schlägen oder Schlimmerem)? Sind Sie mit verbalen Mitteln bestraft worden (durch Schuldzuweisungen, Beschimpfungen oder Schlimmeres)? Können Sie mit diesem Erlebnis ein Gesicht in Verbindung bringen? Einen Gesichtsausdruck? Können Sie diesem Erlebnis eine Stimme geben? Welchen Ton hat diese Stimme an sich? Irgendwelche Gerüche? Körperempfindungen?

Weshalb wurden Sie so stark kritisiert oder sogar bestraft? Haben Sie gegen eine familiäre Regel verstoßen? Haben Sie Widerworte gegeben? Haben Sie Ihre Wut zum Ausdruck gebracht? Schwäche gezeigt? Ging es darum, welche Freunde Sie hatten? Ging es um die Schulnoten? Um Ihre Kleidung oder die Frisur? Um Ihre Manieren? Um Ihre Ansichten?

Wodurch war zu jener Zeit die Familiendynamik gekennzeichnet? Waren beide Eltern wütend aus Sie? Oder hatten die Eltern Ihretwegen Streit, weil einer Sie kritisierte und der andere für Sie Partei ergriff? Fühlten Sie sich damals für den Streit Ihrer Eltern verantwortlich? Hatten Sie das Gefühl, dass Sie schuld an diesem Streit waren?

Wahrscheinlich müssen Sie sich mit diesen Erinnerungen mehrere Male beschäftigen, bevor Ihnen die Kindheitserlebnisse wieder völlig bewusst werden. Vielleicht besteht bei Ihnen sogar ein gewisser Widerstand dagegen, sich diese Details wieder ins Bewusstsein zurückzurufen. Seien Sie geduldig und offen, und lassen Sie die Szenen so zutage treten, wie Sie sich zeigen wollen.

Das Gespenst im Schrank

Um zu veranschaulichen, wie wirksam diese Arbeit an Erinnerungen sein kann, werden wir uns noch einmal der Situation von Robert zuwenden, den ich zu Beginn dieses Kapitels erwähnt habe.

Robert hatte sein Leben lang unter milden Angstattacken gelitten, die mit zunehmendem Alter immer stärker wurden. Sie hatten sich schon fast zu Panikattacken entwickelt, und er wusste absolut nicht mehr, was er tun sollte. Als ich anfing, mit Robert an der Methode FINDE DEINE STIMME zu arbeiten, beschäftigte er sich zunächst sehr intensiv mit seiner Kindheit. Was er dabei fand, war sehr aufschlussreich.

In Roberts Erinnerung waren bei ihm schon im Alter von zehn Jahren erste Anzeichen dafür zu erkennen gewesen, dass er ein Problem mit Angst hatte. Er hatte eine Zeit lang ins Bett eingenässt, gelegentlich gestottert, zeitweise unter Schlaflosigkeit gelitten, er hatte schreckliche Angst vor Dunkelheit und vor einem Gespenst im Schrank gehabt, und zu allem Überfluss hatte man bei ihm damals schon ein kleines Magengeschwür entdeckt. Nun fragte er sich, wie bei ihm schon in der Kindheit eine solche Anspannung und Angst hatte entstehen können?

Als Robert anfing, seine Erinnerungen zuzulassen, wurde ihm rasch klar, dass seine beiden Eltern von ihrem inneren Richter beherrscht gewesen waren. Seine Mutter war überfürsorglich und eine Reinlichkeitsfanatikerin, und sein Vater war ein extremes Arbeitstier, sehr streng und schnell mit Strafen bei der Hand – seine Devise hätte lauten können: »Schlägst du dein Kind zu selten, wird es verwöhnt.« Robert wurde von seiner Mutter wegen der kleinsten Kleinigkeiten gescholten: weil seine Jeans vom Spielen Grasflecken hatte, weil er Schmutz mit ins Haus getragen hatte, weil er wütend geworden war und sich mit seinem älteren Bruder geprügelt hatte, weil er seine häuslichen Pflichten oder seine Hausaufgaben vernachlässigt hatte.

Wenn er besonders »böse« (d. h. trotzig oder frech) gewesen war, hatte sein Vater ihn geschlagen, manchmal mit einem Ledergürtel. Robert erinnerte sich daran, dass seine Mutter einmal zu ihm gesagt hatte: »Wenn dein Vater von der Arbeit nach Hause kommt, wirst du eine Tracht Prügel mit dem Gürtel bekommen.« Robert wartete dann stundenlang in einem Zustand äußerster Angst, und während dieser Zeit stand er meist am Fenster zur Straße oder horchte, ob sich das Auto seines Vaters dem Haus näherte.

Wegen all dieser Dinge glaubte Robert schließlich selbst, er sei von Natur aus schlecht und verdiene es, bestraft zu werden. Er hatte das Gefühl, er sei immer der Schuldige und sei sogar für die Streitigkeiten seiner Eltern verantwortlich. Eines Abends, als Robert gerade zwölf Jahre alt war, hatte er seine Eltern laut in der Küche streiten hören. Irgendwann hatte er gehört, wie sein Vater aus der Küche gestapft war, die Tür zugeschlagen hatte und im Auto davongefahren war. Weil Robert geglaubt hatte, seine Eltern hätten sich seinetwegen gestritten, hatte er sich in einem Zustand der Agonie schluchzend in sein Schlafzimmer zurückgezogen, gepeinigt durch das Gefühl, *er* habe seinen Vater dazu veranlasst, die Familie zu verlassen. Auch als der Vater nach einer halben Stunde zurückgekehrt war, hatte Robert weiterhin geglaubt, er sei der Grund für die Trennung seiner Eltern.

Als Erwachsener wollte Robert seinen Eltern gegenüber fair sein, und er erinnerte sich daran, dass es in seiner Ursprungsfamilie auch viel Liebe und Humor gegeben hatte – sogar erstaunlich viel, wenn man bedachte, was seine Eltern in ihrem Leben durchgemacht hatten. Beide waren während der großen Weltwirtschaftskrise aufgewachsen. Die erste Ehe seiner Mutter war schnell wieder geschieden worden, und sein Vater hatte im Zweiten Weltkrieg gekämpft. Außerdem war der Vater seiner Mutter gestorben, als sie noch sehr jung gewesen war, und die Großmutter väterlicherseits, eine Alkoholikerin, hatte seinen Vater verlassen, als der noch ein kleiner Junge gewesen war.

Roberts Eltern hatten also mit Sicherheit selbst riesige Probleme gehabt, und es war für sie zweifellos eine ziemliche Leistung gewesen, darüber hinwegzukommen und eine Familie zu gründen. Doch nun, wo er seine eigene Stimme hörte, wurde Robert auch klar, dass bei seinen Eltern ein innerer Richter den Ton angab, und ihm wurde zum ersten Mal bewusst, dass sie ihm ihren Hang zum Kritisieren und ihre ängstliche, anschuldigende und bestrafende Geisteshaltung vererbt hatten.

Das familiäre Erbe

Dies ist also das Erbe einer vom inneren Richter bestimmten Familie. Sobald Sie in der Kindheit (aus welchen Gründen auch immer) gelernt haben, sich selbst zu verurteilen – sobald Sie überzeugt sind, dass mit Ihnen etwas nicht in Ordnung ist und Sie deshalb verdientermaßen bestraft werden –, trainieren und nähren Sie täglich den inneren Richter wie einen Muskel, sodass er zu einem voll entwickelten, dominanten erwachsenen inneren Richter wird. Sie gestehen diesem Kritiker einen Ehrenplatz in der fünfzehnten Reihe zu, und er macht sich sofort daran, etwas zu finden, das er an Ihnen und allen Mitwirkenden im Film Ihres Lebens aussetzen kann.

Denken Sie nur einmal darüber nach, wie oft am Tag Sie sich kritisieren, sich Vorwürfe machen, sich mit anderen Menschen vergleichen sowie über sich selbst und andere Menschen ein Urteil fällen. Und wie oft Sie Ihre eigene äußere Erscheinung kritisieren, Ihre Erfolge, Ihren Ehepartner, Ihre Kinder, Ihre Nachbarn, andere Autofahrer auf der Straße, Politiker, Berühmtheiten – die Liste ließe sich beliebig lange fortsetzen.

Noch wichtiger ist es, dass Sie sich klar machen, wie oft am Tag Sie sich selbst und Ihr Leben in Zusammenhang mit Ihrem Problem kritisieren. Wie oft kritisieren Sie Ihre eigenen Gedanken, Gefühle, Gewohnheiten, Schwächen, Mängel und sogar Erfolge.

Wenn Sie beginnen, diese Dinge zu registrieren, wird Ihnen bald klar werden, dass Ihr innerer Richter ständig, unermüdlich und gnadenlos am Werk ist. Vielleicht überrascht Sie das. Und in kürzester Zeit werden Sie merken, dass Ihr innerer Richter verrückt ist. Er ist völlig übergeschnappt. Ein Egomane. Ein Kontrollfreak. Egoistisch. Völlig überzogen. Nie zufrieden, ein Perfektionist, ein Besessener. Er fühlt sich minderwertig, unzulänglich, defensiv und dergleichen mehr.

Und das ist in Ordnung. Niemand ist vollkommen. Niemand wird jemals perfekt sein. Und Sie werden Ihren inneren Richter niemals loswerden. Sein innerer Monolog wird niemals enden. Aber Sie können lernen zu verhindern, dass seine Stimme Sie dominiert und Sie auf Ihr Problem fixiert. Sie können lernen, die Lautstärke dieser Stimme zu verringern und sich zumindest für kurze Zeit von Ihrer Fixierung auf die fünfzehnte Reihe zu lösen.

Vier Stufen des Gewahrseins

Schon allein das Bewusstsein, dass Sie einen inneren Richter *haben* – und dass Sie ihn schon seit Ihrer Kindheit haben –, wird Ihnen helfen, die Lautstärke seiner Stimme ein wenig zu dämpfen. Denn er genießt es, beachtet zu werden. Noch nützlicher ist es jedoch, wenn Sie lernen, sich mit zunehmend differenziertem Gewahrsein selbst zu beobachten.

Meist nehmen Sie Ihren inneren Richter erst wahr, nachdem Sie sich selbst oder andere Menschen kritisiert haben – nachdem die Krise bereits abgeklungen ist, die Hitze des Augenblicks sich ein wenig abgekühlt hat und Sie wieder zu sich selbst gekommen sind. Beispielsweise wird sich Marie ihrer plötzlichen Ungehaltenheit erst bewusst, wenn der Schaden schon entstanden ist – nämlich einige Minuten, nachdem sie ihre Kinder angebrüllt hat. Übrigens ist zu diesem Zeitpunkt die Gefahr am größten, dass Sie sich selbst kritisieren. Bei Marie war dies der Moment, in dem sie sich am meisten dafür schämte, dass sie wütend war.

Es kann aber auch sein, dass Sie sich Ihres inneren Richters bewusst werden, *während* Sie sich kritisieren. Marie erging es so, während sie ihre Kinder anbrüllte oder sich schämte.

Spüren Sie das? Die Kritiksucht ist wie ein feiner Rauch in Ihnen gegenwärtig. Die Schwierigkeit besteht darin, sich ihrer in einer turbulenten Situation bewusst zu werden. Zuerst bemerken Sie den inneren Richter/Kritiker vielleicht nach einer Minute. Später wird Ihnen seine Gegenwart bewusst, nachdem sich Ihre negative Stimmung verflüchtigt hat – wenn sich der Rauch verzogen hat. Irgendwann sind Sie dann in der Lage, Ihren inneren Richter genau dann zu bemerken, wenn er aktiv ist.

Die nächste, noch schwierigere Kunst besteht darin, den inneren Richter schon zu bemerken, *bevor* er in Aktion tritt – wenn das kritische Urteil gerade erst in Ihnen aufkeimt.

Versuchen Sie, das Urteil so früh wie möglich zu erkennen: Zunächst ist es nur wie ein Samenkorn, das jederzeit zum Leben erwachen kann; tatsächlich ist es im Moment noch nicht mehr als die Andeutung einer Empfindung im Hintergrund Ihres Geistes.

Marie spürt nur ein vages Gefühl der Ungeduld und Hilflosigkeit, wenn sie mit ihren Kindern fertig zu werden versucht. Es mag Ihnen zurzeit noch unmöglich erscheinen, die negative Energie Ihres inneren Richters in diesem frühen Stadium zu erkennen, bevor sie eine kritische Größe erreicht. Aber es *ist* möglich.

Es gibt also, wenn es um den inneren Richter geht, drei Stufen des Gewahrseins: *vor* seinem aktiven Auftreten, *währenddessen* und *danach*. Außerdem gibt es noch eine vierte Stufe – im Grunde eine weitere Gewahrseinsstufe –, die Ihnen bei entsprechender Übung helfen kann, mit Ihrem inneren Richter adäquat umzugehen. Gemeint ist das *höhere* Gewahrsein, der Zustand, in dem Sie einen Schritt zurücktreten, sich in die letzte Reihe begeben, die vorherigen drei Stufen des Gewahrseins realisieren – je nachdem, an welchem Punkt Sie mit Ihrem inneren Richter stehen – und mit Ihrer weisen, heilenden inneren Stimme zu sich sagen: »Ich weiß, dass ich *kurz davor bin, mich aufzuregen. Ich werde mich beobachten. Ich werde mein Gewahrsein verbessern; ich werde atmen, meine Anspannung beobachten, meinen Gedanken und Gefühlen zuhören, und vielleicht kann ich diesmal, wenn mein Gewahrsein differenzierter geworden ist, auch meinem inneren Richter ein wenig Ruhe gönnen.*«

Das Rennpferd

Um eine gesündere, kooperativere Beziehung zu Ihrem inneren Richter zu entwickeln, müssen Sie unablässig Ihr Gewahrsein verfeinern und außerdem die Macht des Akzeptierens und Ausdrückens nutzen. Die folgende Übung ist ein guter Anfang, wenn Sie diesem Ziel näher kommen wollen.

Wenn Sie das nächste Mal das Gefühl haben, in Ihrem Problem festzustecken, gehen Sie in Ihr Schlafzimmer oder an einen anderen Ort, an dem Sie ungestört sind, schließen Sie die Tür ab und hören Sie zehn Minuten lang Ihrem inneren Richter zu – so, wie Sie einem anderen Menschen zuhören würden. Doch diesmal sollen Sie dabei von ihm distanziert und unberührt bleiben. Hören Sie sich nur an, was dieser Teil Ihres Geistes zu sagen hat. Was immer er zum Ausdruck bringt, lassen Sie es einfach zu. Erlauben Sie ihm, es zu äußern. Versuchen Sie weder, es zu ignorieren, noch, es zu unterdrücken. Beobachten Sie und hören sie zu.

Gewahrsein ist keine Aktivität, nichts, was Sie tun müssen. Gewahrsein erfordert keine Anstrengung, keine besondere Bemühung. Sie sitzen nur ruhig da, hier und jetzt in der Gegenwart, und

Gewahrsein ist keine Aktivität, nichts, was Sie tun müssen. Gewahrsein erfordert keine Anstrengung, keine besondere Bemühung. Sie sitzen nur ruhig da, hier und jetzt in der Gegenwart, und sind der Situation gewahr. Schriften über die Zen-Meditation nennen dies »Sati«, was »Achtsamkeit« oder »rechtes Gewahrsein« bedeutet. William Wordsworth, ein englischer Dichter der Romantik, nannte es »weise Passivität«.

Wahrscheinlich merken Sie sofort, dass sich im Laufe der Jahre ziemlich viel Unrat angesammelt hat, und der tritt nun blitzartig auf einmal zutage. Gönnt man dem inneren Richter diese Freiheit, läuft er wie ein Rennpferd, das aus seinem Gehege ausgebrochen ist. »Ich komme in meinem Leben in keiner Hinsicht weiter«, »Ich schaffe das hier einfach nicht«, »Jedes Mal wenn ich versuche, mich zu verändern, versage ich«, »Ich mag mich einfach nicht«, »Warum soll ich es überhaupt versuchen, wenn ich weiß, dass es sowieso zu nichts führen wird?«, »Ich bin zu nichts gut«, »Ich werde immer schwach bleiben«, »Nur dieses eine Mal, das wird schon nicht so schlimm sein«, »Ich kann mir nicht selbst helfen«, »Ich weiß nicht, was mit mir nicht stimmt«, »Ich habe es versucht, kann es aber einfach nicht«.

Lassen Sie Ihrem Geist freien Lauf! Lassen Sie zu, dass sich das negative innere Selbstgespräch frei entfaltet! Lassen Sie los! Bei alldem brauchen Sie nur einfach dazusitzen, zu akzeptieren und zuzuhören. Die Kunst besteht darin, Geduld zu entwickeln.

Sie werden bald merken, dass Sie dieses davongelaufene Pferd unbedingt einfangen, zügeln und hierhin und dorthin lenken wollen. Das ist das Wirken Ihrer gesellschaftlichen und familiären Konditionierung, Ihrer alten Gewohnheit, unangenehme Dinge zu unterdrücken. Ihr innerer Richter fürchtet die Freiheit, die Sie ihm geschenkt haben, und er wird das, was geschieht, blitzschnell verurteilen – »Warum denkst du nur diesen ganzen Müll? Pass bloß auf!« Und er wird versuchen, Sie wieder auf das Pferd zu setzen, und Sie auffordern, die Zügel wieder in die Hand zu nehmen. Sie müssen dabei geduldig und beharrlich sein, wenn Sie distanziert bleiben und nur beobachten und zuhören wollen.

Drücken Sie, während Ihr innerer Richter umherjagt, alle Ihre Gedanken und Gefühle aus. Sprechen Sie sie laut oder nur innerlich aus, oder notieren Sie sie (mit der nichtdominanten Hand; dabei ist Kritzeln genauso gut, wie einen Text zu schreiben). Die Gedanken und Gefühle, die auftauchen, können ganz offensichtlich oder subtil sein; einige brüllen Sie an, andere flüstern. Bleiben Sie gegenüber allem, was auftaucht, völlig frei von Erwartungen, neutral und distanziert, und sprechen oder schreiben Sie einfach auf, was Ihnen einfällt. Wenn Sie das Bedürfnis haben zu schimpfen, dann schimpfen Sie. Wenn verbale Beleidigungen auftauchen, dann beleidigen Sie. Wenn Klatsch auftaucht, dann lassen Sie ihn zum Ausdruck kommen. (Der innere Richter quillt fast über vor Klatsch!)

Noch einmal: Das, was Sie vor sich haben, wird nicht leicht. Die Gewohnheit, Dinge zu unterdrücken, ist so stark, dass Sie vergessen werden, zu Ihrem inneren Richter auf Distanz zu bleiben. Sie werden sich mit Ihren kritischen Gedanken und Gefühlen identifizieren und dann sofort versuchen, gegen sie anzukämpfen, sie unter Kontrolle zu bringen oder sie irgendwie ganz loszuwerden – so, wie Sie es immer versucht haben. Sie werden erneut versuchen, das Rennpferd zu reiten und Ihr Denken und Fühlen zu lenken bzw. zu korrigieren.

Doch nachdem Sie nun Ihr Gewahrsein verbessert haben, werden Sie spüren, dass das zu nichts führt.

Sobald Sie diesen Drang, die Kontrolle zurückzugewinnen, bemerken, steigen Sie vom Pferd und lassen die kritischen Worte, Gedanken und Gefühle laufen, wohin sie laufen wollen. Beobachten Sie einfach weiter, und hören Sie zu. Üben Sie sich weiter darin, gewahr zu sein, zu akzeptieren und auszudrücken.

Benutzen Sie diese Technik, wann immer Sie die Möglichkeit haben. Es ist wichtig, dass Sie dem inneren Richter jeden Tag die Möglichkeit geben, zum Ausdruck zu kommen – nötigenfalls öfter am Tag und dies Tage, Wochen oder Monate lang. Sie müssen Ihren inneren Richter davon überzeugen, dass Sie bereit sind, ihm zuzuhören, und dass Sie berücksichtigen werden, was er zu sagen hat – dass er zu Ihrem inneren Team gehört.

Wenn Sie aufrichtig sind und sorgfältig arbeiten, können Sie Ihren inneren Richter irgendwann dazu bringen, sich zu entspannen, und Sie können seine Stimme abdämpfen, auch wenn es manchmal lange dauert, bis das gelingt. Doch wenn es Ihnen gelingt, entsteht in Ihrem Bewusstsein ein wenig Raum, in dem Ihre wahre, authentische Stimme ertönen kann.

Innerer Monolog

Die im Folgenden beschriebene Übung greift die Metapher des inneren Kritikers in der fünfzehnten Reihe auf, der sich die Geschichte Ihres Lebens anschaut.

Stellen Sie sich zunächst vor, Sie befinden sich auf einer großen Filmleinwand oder auf der Bühne eines Theaters. Sie sind Schauspieler oder Schauspielerin und halten eine Rede, einen Monolog. Die Vorstellung findet vor einem fast leeren Saal statt. Es geht hier um Sie – um Ihre momentane Situation im Leben, darum, wie Sie mit Ihrem aktuellen Problem umgehen. Sie erlauben sich einfach zu sagen, wie sich Ihr Problem anfühlt. Sie bestätigen, dass es existiert, und Sie beschreiben es. »Der Schmerz ist schrecklich …«, »Ich kann einfach nicht aufhören zu essen …«, »Es macht mich so wütend …«, »Ich kann wegen meiner Sorgen nicht schlafen …«, »Ich brauche wirklich eine Zigarette …« Lassen Sie Ihren inneren Monolog über die Dinge, die Ihnen zu schaffen machen, zu.

Und nun verändern Sie den Fokus Ihres Gewahrseins. Sie werden wieder zu Ihrem eigenen inneren Kritiker in der fünfzehnten Reihe des Saales. Beobachten Sie von dort aus, wie der Schauspieler oder die Schauspielerin über Ihr Problem spricht; hören Sie sich den Monolog über die Gefühle und Gedanken an. Und konzentrieren Sie sich dann aus der Perspektive des inneren Kritikers in der fünfzehnten Reihe darauf, was mit der Szene nicht stimmt – was mit dem Schauspieler oder der Schauspielerin nicht stimmt, was mit den Gedanken und Gefühlen nicht stimmt, was an der Konfrontation mit dem Problem nicht in Ordnung ist. Der innere Kritiker wird mit Ihnen oder Ihrer Geschichte nie zufrieden sein, und Sie werden feststellen, dass es das Leichteste auf der Welt ist, sich selbst zu kritisieren.

Wenn Kritiker eine Kritik über einen Film oder ein Schauspiel schreiben wollen, machen sie sich Notizen. Halten also auch Sie mit Ihrer nichtdominanten Hand alle Ihre negativen Meinungen und Eindrücke in Ihrem Tagebuch fest (gekritzelt oder geschrieben). »Du siehst schrecklich aus …«, »Du sagst das nicht richtig …«, »Hör auf zu jammern …«, »Du müsstest es eigentlich besser wissen …«, »Du wirst nie wieder gesund werden …«, »Warum musst du eigentlich so sein? …«, »Du musst aufhören …«

Ihr innerer Kritiker ist so schlau, dass er manchmal sogar kritisiert, dass Sie kritisch sind. »Warum bist du nur so negativ? …«, »Du solltest nur positive Gedanken produzieren …«, »Du machst doch alles nur noch viel schlimmer …«

Lassen Sie Ihrer Selbstkritik zehn Minuten lang ihren Lauf oder bis Sie hundert kritische Gedanken gezählt haben, was am Anfang sehr schnell gehen kann.

Innerer Dialog

Eine sehr wirksame Übung besteht darin, einen inneren Dialog zwischen Ihrem persönlichen Problem und Ihrem inneren Richter zu initiieren.

Auf der einen Seite stehen Ihr Schmerz, Ihre Begierde, Ihre Angst, Wut, Traurigkeit und so weiter – alle Ihre Gedanken und Gefühle über das, was Sie durchmachen. Auf der anderen Seite steht Ihr innerer Richter, der alle Emotionen unterdrückt, Sie selbst und alle anderen Menschen kritisiert und Sie für Fehler bestraft.

Nun stellen Sie sich eine Szene im Film Ihres Lebens vor, eine Begegnung in einem Café, einer Küche oder einem wunderschönen Garten – ganz, wie Sie möchten. Und in dieser Szene findet ein Gespräch zwischen den beiden genannten Seiten Ihrer Person statt. Was würden sie wohl zueinander sagen? Würden Sie miteinander reden, würden sie einander überhaupt zur Kenntnis nehmen?

Beginnen Sie mit Ihrem inneren Richter. Was würde diese Seite von Ihnen zu dem Problem sagen? Registrieren Sie sein übermäßiges Reflektieren, sein Moralisieren, die Selbstzweifel, die Negativität, die Ungeduld und die Starrheit. Benennen Sie alle diese Dinge, denken Sie darüber nach, oder beschreiben Sie sie in Ihrem Tagebuch – wie auch immer es Ihnen am passendsten erscheint.

Lassen Sie anschließend Ihr persönliches Problem antworten. Was würde diese Seite von Ihnen sagen? Achten Sie auf die flache Atmung, die Angst, die Anspannung, das Geschnatter in Ihrem Geist, den Kampf, die Scham, die Verzweiflung, die Verletzlichkeit.

Lassen Sie das Gespräch zwischen den beiden Anteilen mindestens zehn Minuten dauern. Vergegenwärtigen Sie sich die nonverbale und die verbale Ebene, die Körpersprache, den Gesichtsausdruck, die Energie, die zwischen den beiden Anteilen hin- und herfließt. Beide sind Teile von Ihnen; deshalb ist dieser Dialog so wichtig. Sie können keinen von beiden loswerden, müssen also lernen, mit beiden zu leben, mit all Ihren Anteilen zusammenzuarbeiten und beiden Seiten zu helfen, dass sie miteinander auskommen.

Begeben Sie sich schließlich wieder in die fünfzehnte Reihe, und werden Sie zum inneren Kritiker, der die Szene beobachtet. (Ganz richtig, Ihr innerer Kritiker soll Ihren inneren Richter beobachten.) Betrachten Sie von der fünfzehnten Reihe aus beide Seiten so kritisch, wie Sie können. Die kritische Sichtweise sollte sogar die Vorstellung einschließen, Sie könnten die konträren Positionen gleichzeitig einnehmen. Prüfen Sie jeden Aspekt der beiden Seiten Ihres Seins. Drücken Sie alles aus und kritzeln Sie es (mit Ihrer nichtdominanten Hand) in Ihr Tagebuch.

Das innere Komitee kritisieren

Wir werden nun diese Übungen, die sich auf die Perspektive der fünfzehnten Reihe beziehen, erweitern und Ihr gesamtes inneres Komitee mit einbeziehen.

Stellen Sie sich erneut eine Szene im Film oder im Theaterstück Ihres Lebens vor. Diesmal veranstalten Sie eine Konferenz, auf der Ihr inneres Komitee sich mit Ihrem Problem befasst. Auf der

Bühne bzw. auf der Projektionsleinwand sitzen die Komiteemitglieder, die Sie in Schritt 1 ernannt haben, um einen großen, auf Hochglanz polierten Konferenztisch. Typische Mitglieder eines solchen Komitees sind: »Ängstlich«, »Hoffnungsvoll«, »Warum ich?«, »Wer ich eigentlich sein sollte«, »Frustriert«, »Schuldbewusst« und »Wütend«. Denken Sie daran, dass die Mitglieder Ihres Komitees – ganz gleich, welche sich auf Ihrer Liste befinden – Ihre dominierenden Gedanken, Gefühle und Einstellungen bezüglich Ihres Problems repräsentieren.

Doch statt allen einfach nur gut zuzuhören, sollen Sie sich die Szene diesmal von der fünfzehnten Reihe aus anschauen, wo Sie wie schon zuvor mit geöffnetem Tagebuch und einem griffbereiten Stift auf dem Platz des Kritikers sitzen. Alle Komiteemitglieder erhalten im Laufe der Konferenz Gelegenheit, sich zu äußern, und im Anschluss daran lassen Sie Ihren inneren Kritiker alle Teilnehmer nacheinander kritisieren.

Vielleicht meinen Sie, dass nur Weicheier und Feiglinge »Angst« haben; vielleicht halten Sie »Hoffnungsvoll« für naiv und dumm; vielleicht finden Sie auch, dass »Warum ich?« nur herummosere; oder Sie finden, »Wer ich eigentlich sein sollte« sei nichts als Wunschdenken; und »frustriert« zu sein sei Ihr eigener Fehler; vielleicht halten Sie das Gefühl, »schuldig« zu sein, für eine verdiente Strafe und glauben, »wütend« zu sein, sei einfach nur dämlich.

Was Ihre Kritik auch beinhalten und wie hart sie auch ausfallen mag, lassen Sie Ihren inneren Kritiker nacheinander zu allen Komiteemitgliedern Stellung nehmen, während die Kamera auf sie gerichtet ist oder der Scheinwerfer sie anstrahlt. Notieren (oder kritzeln) Sie (mit Ihrer nichtdominanten Hand) alle Urteile, die Ihnen in den Sinn kommen, in Ihr Tagebuch.

Ein Spaziergang mit dem inneren Richter

Die im Folgenden beschriebene Übung ist besonders wirksam, weil sie den Körper einbezieht. Sie sollen für einige Tage, Wochen oder Monate (und im Anschluss je nach Bedarf) jeden

Morgen oder Abend mit Ihrem inneren Richter einen Spaziergang unternehmen.

Gehen Sie zehn bis dreißig Minuten in Ihrem Wohlviertel, auf einem Spazierweg in der Natur, in einem Park oder an einem Strand spazieren – wo es Ihnen am liebsten ist –, und versuchen Sie beim Gehen auf die kritischen Ansichten zu achten, die Ihr innerer Richter unablässig produziert.

Diese können sich auf die unmittelbare Umgebung beziehen – auf die Häuser, Gärten, Autos oder Kinder Ihrer Nachbarn und auch darauf, dass es zu warm oder zu kalt ist, zu sonnig oder zu bewölkt, dass der Verkehr zu dicht ist, dass zu viele Steine auf dem Gehweg liegen oder dass am Strand zu wenig (oder zu viel) Sand liegt.

Die kritischen Äußerungen können sich auch auf Sie selbst beziehen – auf Ihren Körper (dass er zu dick oder zu mager ist), auf Ihren Gang (zu schnell, zu langsam), auf Ihre Atmung (zu tief, zu flach) und auf Ihre eigenen Urteile (zu negativ, zu viele). Sie haben ganz richtig gelesen: Wenn Ihr innerer Richter die Möglichkeit hat, kritisiert er alles und jeden – sogar sich selbst.

Nehmen Sie sich mindestens zehn Minuten Zeit für den Spaziergang, und vergegenwärtigen Sie sich so, wie kritisch Sie sogar dann sein können, wenn Sie völlig allein sind, sich an einem wunderschönen Ort befinden und niemand Sie belästigt. Hören Sie sich die Urteile einfach an, und erleben Sie, wie Ihr innerer Richter ein Urteil nach dem anderen fällt. Seien Sie einfach aufmerksam, und akzeptieren Sie alles, was Ihr kritischer Geist hervorbringt, und sprechen Sie all dies entweder innerlich oder sehr leise, aber hörbar aus, sodass nur Sie selbst es hören.

Es geht also nicht darum, Ihren inneren Richter aufzuhalten, unter Kontrolle zu bringen, zurechtzurücken oder loszuwerden. Sie nehmen ihn nur zu einem Spaziergang mit, auch wenn man denken könnte, dass eigentlich er Sie zu einem Spaziergang mitnimmt und Sie wie ein großer, starker Hund an der Leine hinter sich herzieht. Wer geht mit wem spazieren? Im Grunde ist das egal, denn Sie lernen durch diese Aktivität, mit Ihrem inneren Richter auszukommen.

Ich habe schon darauf hingewiesen, dass Ihr innerer Richter stärker und schlauer wird, wenn Sie versuchen, ihn loszuwerden, denn er kämpft dann um sein Überleben. Er weiß, dass Sie ihn brauchen! Sie haben ihn immer gebraucht und werden ihn auch in Zukunft brauchen. Er ist vor Millionen von Jahren im Gehirn entstanden und erweist sich seit Tausenden von Generationen als sehr nützlich. Während Ihres Spaziergangs beispielsweise hilft er Ihnen, stark befahrene Straßen zu meiden, mitzuverfolgen, wie lange Sie schon gelaufen sind, und sich daran zu erinnern, wie Sie wieder nach Hause kommen.

Doch auch wenn Sie Ihren inneren Richter als einen unverzichtbaren Teil von sich akzeptieren müssen, brauchen Sie nicht hinzunehmen, dass er an allem, was Sie tun, beteiligt ist. Man könnte ihn mit einem Stuhl vergleichen, der sehr nützlich ist, wenn Sie sich setzen wollen, den Sie aber nicht überallhin mitzunehmen brauchen.

Lassen Sie also Ihren Stuhl diesmal zu Hause, und nachdem Sie zehn bis dreißig Minuten lang mit Gewahrsein, akzeptierend und in dem Bemühen, sich auszudrücken, gelaufen sind, suchen Sie sich einen angenehmen Ort, wo Sie sich setzen und sich entspannen können. Setzen Sie sich ins Gras unter einen Baum, auf eine Parkbank oder in eine sandige Bucht; und ruhen Sie sich dort aus, schwitzen Sie, atmen Sie tief durch, und spüren Sie den Frieden, der sich einstellt, nachdem Sie mit Ihrem inneren Richter spazieren gegangen sind.

Wenn Ihr innerer Richter durch die Übung ermüdet, lässt seine Aktivität nach; er beruhigt sich dann, macht eine Pause, wird immer kleiner – und gibt Ihrem Körper (dem Sitz Ihres Unbewussten) so die Möglichkeit, für ein paar Minuten die Führung zu übernehmen.

Sie fühlen sich dann zuerst in Ihrem Körper lebendig, in Harmonie mit ihm, wie Ihr Lieblingstier: als Ganzes, frei und entspannt. Später werden Ihre Sinne allmählich schärfer. Sie nehmen die kühle Brise wahr und hören das Rascheln der Blätter. Sie sehen Schatten auf dem Pfad. Sie hören Vögel singen. Im Park hören Sie Kinder spielen und lachen. Am Strand spüren Sie die Wärme des Sandes und hören die Wellen brechen. Und wenn es sehr still wird, nehmen Sie den Klang der Stille im eigenen Geist und Herzen wahr.

Solche Augenblicke des Friedens und der Stille werden zu einer Meditation, in der Sie die wahre, authentische Stimme der inneren und der äußeren Welt hören.

Der Zauberlehrling

Sich des inneren Richters bewusst zu werden, ihn zu akzeptieren und ihm zum Ausdruck zu verhelfen ist deshalb so wichtig, weil Sie diesen kritisierenden, urteilenden Teil von sich schon so lange – Jahre oder Jahrzehnte – unterdrückt haben. Sie haben ihn verborgen, haben versucht, ihn zu stoppen, ihn Ihrer Kontrolle zu unterwerfen und sich selbst und andere daran zu hindern herauszufinden, wie es in Ihnen aussieht. Vincent beispielsweise war 63 Jahre alt, als er anfing, die Existenz seines inneren Richters zu akzeptieren und ihn zu Wort kommen zu lassen. Dadurch gelang es ihm, zügig abzunehmen und das reduzierte Gewicht zu halten. Er ist jetzt glücklicher und gesünder und kommt besser als jemals zuvor mit seiner Familie zurecht.

Das Problem ist natürlich, dass man durch Versuche, den inneren Richter unter Kontrolle zu bringen, das Gegenteil erreicht: Je mehr Energie wir ihm zuwenden, umso mehr Macht gewinnt er über uns.

Dies erinnert mich an die Ballade vom Zauberlehrling. Goethe schrieb sie im Jahre 1797, aber erst durch den von Walt Disney im Jahre 1940 geschaffenen Zeichentrickfilm *Fantasia* wurde sie auf der ganzen Welt bekannt.

Kennen Sie Disneys Version der Ballade? Als ein weiser alter Zauberer seine Werkstatt verlässt, spricht sein Lehrling (Micky Maus) einen Zauberspruch, der den Besen zwingt, Wasser von der Quelle zu holen. Aber weil der Zauberspruch unvollständig war, weiß der Besen nicht, wann er mit dem Wasserholen aufhören soll; deshalb trägt er unermüdlich (fast dämonisch) einen

Eimer Wasser nach dem anderen heran. (Der Film ist mit der wundervollen Musik von Paul Dukas unterlegt!)

Die Werkstatt des Zauberers füllt sich allmählich mit Wasser, und Micky versucht verzweifelt, den Besen zu bezwingen – aber das gelingt ihm nicht. Schließlich nimmt er eine Axt und zerhackt den Besen in Stücke. Aber das macht die Situation noch schlimmer, denn jedes Stück des Besenstiels verwandelt sich in einen neuen vollständigen Besen, sodass zahllose Besen immer mehr Wasser immer schneller herbeibringen.

Bald ist die Werkstatt völlig überflutet, und Micky, der in den Fluten treibt, ist kurz davor zu ertrinken. Als alles verloren zu sein scheint, kehrt der Zauberer zurück, sieht die Katastrophe, bricht ohne ein Wort zu verlieren den Zauber, beruhigt das Wasser, und die Flut weicht.

Die Moral von der Geschichte ist: Wir können unsere Gedanken und Gefühle nicht völlig unterdrücken, zumindest nicht über längere Zeit. Wenn Sie sich sehr große Mühe geben, können Sie Ihren inneren Richter eine Weile aufhalten und sich dann einreden, Sie hätten ihn unter Kontrolle. Aber solche Bemühungen machen ihn nur stärker, und schließlich erlangt er die Kontrolle über *Sie*, denn er ist hartnäckig und entschlossen – wie der Besen in der Ballade vom Zauberlehrling weiß er nicht, wann es an der Zeit ist, mit der Produktion von Urteilen aufzuhören –, und er setzt sich so lange zur Wehr, bis er in Ihrem Geist zur dominierenden Stimme geworden ist. Seine unablässige Negativität vergrößert Ihr Problem noch und vertieft Ihre Ängste, Ihre Begierden und Ihre Wut, bis Sie sich überflutet fühlen und in Ihren Problemen zu ertrinken drohen.

Versuchen Sie also nicht mehr, Ihren inneren Richter zum Schweigen zu bringen. Wenn Sie ihn stattdessen anerkennen, ihm seine Nützlichkeit bestätigen, ihn als einen besonders beharrlichen Anteil von sich würdigen und ihn zu Wort kommen lassen, wird er sich bald weniger oft zu Wort melden. Und wenn das eingetreten ist, sind Sie dem Ziel – die weise, beruhigende und heilende Stimme tief in Ihrem Inneren zu hören, die Stimme des Zauberers, des wahren Weisen in Ihnen – einen entscheidenden Schritt näher gekommen.

3 Das Problem auflösen

Haben Sie schon einmal von dem Film *Und täglich grüßt das Murmeltier* (1993) gehört? Die Pointe im Trailer des Films lautet: »Er hat den schlimmsten Tag seines Lebens … immer und immer wieder.« Und das ist auch die clevere und gleichzeitig faszinierende Prämisse dieser Geschichte.

Phil Connors (Bill Murray), der Wettersprecher eines Fernsehsenders in Pittsburgh, ist nicht besonders glücklich darüber, dass er schon wieder (das vierte Jahr in Folge) zum jährlichen Murmeltiertag in die kleine Stadt Punxsutawney in Pennsylvania reisen soll. Wegen eines Schneesturms wird er über Nacht dort festgehalten, und als er morgens aufwacht, stellt er fest, dass schon wieder Murmeltiertag ist. Der Tag läuft genauso ab wie der vorige, und am nächsten Morgen passiert wieder genau das Gleiche … und dann noch einmal … und noch einmal. Was er auch tut und so sehr er sich auch bemüht, aus der Zeitschleife zu entkommen, er scheint dazu verurteilt zu sein, jeden Morgen am gleichen Ort aufzuwachen und für den Rest seines Lebens immer wieder den gleichen Tag zu erleben.

So fühlen sich Menschen, die in Ihren persönlichen Problemen gefangen in der fünfzehnten Reihe sitzen. Sie mögen noch so engagiert versuchen, eine Veränderung zum Positiven zu erreichen, ihre »Lösungen« führen Sie zielsicher zu ihren Problemen zurück. Sie wachen immer wieder im gleichen alten Film auf, spielen immer wieder die altbekannten Muster durch und hören ständig die gleichen selbstkritischen Bemerkungen, jeden Tag, jahrelang und manchmal bis zum Ende ihres Lebens.

Aber damit muss die Geschichte nicht zu Ende sein.

Bisher haben Sie im Rahmen des Prozesses Finde deine Stimme gelernt, Ihr Problem vollständig zu erleben (Schritt 1) und mit Ihrem inneren Richter zu arbeiten (Schritt 2). Nun werden Sie in Schritt 3 lernen, Ihr Problem auf eine neue Art und Weise zu lösen – auf eine, die bei Ihnen zum Erfolg führt und die auch weiterhin ihren Zweck erfüllen wird.

Den vier Klienten, deren Geschichten im vorigen Kapitel in Zusammenhang mit Schritt 2 beschrieben wurden, erging es mit ihren Problemen wie folgt:

Jonathan lernte, seine Begierde nach pornografischen Darstellungen zu mäßigen und sich wegen seiner geheimen Gelüste nicht mehr so sehr zu schämen. Dies hatte zur Folge, dass er sich »erwachsener« fühlte, und gleichzeitig konnte er die besten Aspekte seines Kindseins erhalten. Er sagte: »Ich sehe mich jetzt mit anderen Augen«, und er wusste: »Die Antworten sind aus dem Unbewussten gekommen.«

Auch Christina sagte, sie habe »eine völlig neue Art, die Dinge zu sehen« entdeckt. Zum ersten Mal im Leben war es ihr gelungen, sich von ihrem Gefühl der Unzulänglichkeit zu lösen und sich fähig, stark und »viel fürsorglicher mir selbst gegenüber« zu fühlen. Und seit sie besser für sich selbst sorgte, nahm ihr Bedürfnis nach Zigaretten »von selbst« stark ab.

Robert sagte, als er angefangen habe, auf seine Intuition zu hören, habe er erkannt, wie sehr die Unterdrückung und Selbstkritik ihn auf seine Angst fixiert hätten, und ihm wurde klar, wie wichtig es für ihn war, sich selbst zu akzeptieren und zu lieben – »egal, was passiert«. Aufgrund seiner stärkeren Selbstliebe konnte er nun seinen Ängsten ins Auge blicken, und er merkte, wie wenig Macht sie tatsächlich über ihn hatten, »so wie der Zauberer von Oz, wenn man hinter den Vorhang schaut«, erklärte er.

Und Sandra sagte, sie lerne, »meinen Bedürfnissen zuzuhören«, und dies bedeute, »mich selbst mehr zu respektieren, und nicht etwa egoistischer zu werden«. Sie fing an, sich – anders als bisher – zu unterstützen und für sich selbst »da zu sein«, wenn sie sich kraftlos fühlte und das Bedürfnis nach einem Drink verspürte. Zum ersten Mal seit sehr langer Zeit sah sie ihre Situation positiver, sie entwickelte wieder Hoffnung und hatte das Gefühl, dass es in ihrem Leben endlich wieder weiterging.

Zu erreichen, »dass es im Leben wieder weitergeht«, ist ein dreistufiger Prozess, dessen dritter Teil darin besteht, dass Sie sich in die letzte Reihe des Zuschauerraums begeben und sich dort den Film Ihres Lebens *und* den Kritiker in der fünfzehnten Reihe mit neuen Augen anschauen. In der letzten Reihe sehen Sie Ihr Leben und Ihr aktuelles Problem in einem umfassenderen Zusammenhang; Sie finden dort neue Perspektiven, entdecken Neues, gelangen zu neuen Erkenntnissen und Verständnisweisen. Sie werden dort auch spontaner, präsenter, kreativer und intuitiver. Und Sie merken, wie gut es sich anfühlt, sich selbst gegenüber gütig und mitfühlend zu sein und sich selbst bedingungslose Liebe, Vertrauen und Respekt entgegenzubringen.

All dies geschieht, weil Sie in der letzten Reihe anfangen, die Weisheit Ihrer wahren, authentischen Stimme zu hören, die Stimme Ihres tiefsten Instinkts dafür, wie man Gesundheit und Glück erlangen kann.

Der Himmel über uns

Eine wunderbare Möglichkeit, Ihre Schwierigkeiten mit anderen Augen als bisher zu sehen – sie in einem größeren Zusammenhang zu sehen –, besteht darin, dass Sie sich Ihre Umgebung noch einmal völlig neu anschauen und sich mitsamt Ihrem Problem in diesen größeren Kontext einordnen. Wenn Sie die Randbereiche dessen, was Sie erleben, erforschen, wird sich das Problem, das Sie für so riesig, wichtig und dauerhaft gehalten hatten, möglicherweise als in Wahrheit ziemlich klein, scheu und temporär herausstellen.

Gehen Sie zunächst, wann immer Sie können – möglichst jeden Tag –, eine oder zwei Minuten ins Freie und schauen Sie in den Himmel, über die Wolken hinaus bis ins Weltall. Der Himmel reicht bis in die Unendlichkeit; er endet nie.

Schauen Sie nachts über den Mond und die Sterne hinaus, und richten Sie Ihren Blick auf die riesigen Bereiche zwischen den Sternen. Auch der nächtliche Himmel kennt keine Grenzen.

Ob am Tag oder in der Nacht, nehmen Sie sich immer wieder ein wenig Zeit, um in die Tiefen des Himmels zu schauen. Es geht nicht darum, ein bestimmtes Objekt zu betrachten. Schauen Sie einfach den Himmel selbst an; Sie können in ihn hineinschauen. Er ist unendlich. Er hat keine Grenzen. Dieses intensive Erlebnis ermöglicht Ihnen die Position in der letzten Reihe: Sie schauen einfach in den Himmel, und während Sie dies tun, geschieht absolut gar nichts. Sie schauen mit Unschuld und Offenheit in den Himmel und sehen Klarheit und Ruhe.

Wahrscheinlich wird sich Ihr Kritiker in der fünfzehnten Reihe zu Wort melden und sagen: »Das ist nicht rational, hat keinen Nutzen, keinen Wert.« Und Ihr innerer Richter wird vielleicht fragen: »Wo ist der Himmel?« – »Dort draußen ist Leere.«

Danken Sie Ihrem inneren Richter und Kritiker dafür, dass sie Ihnen ihre Ansichten mitgeteilt haben, aber schauen Sie danach wieder in die Tiefen des Himmels. Schauen Sie, ohne zu urteilen, zu denken oder zu analysieren. Wenn Sie in die grenzenlose Offenheit schauen, weiß der Anteil von Ihnen, der sich in der letzten Reihe befindet, dass es nicht nötig ist, etwas verbal auszudrücken, zu sich selbst zu sprechen oder auf irgendeine Weise etwas zu beschreiben. Wenn Sie wieder zu denken anfangen und das Erlebte in Worte fassen, wissen Sie, dass Sie sich wieder in der fünfzehnten Reihe befinden.

Wenn Sie hingegen auf die Unermesslichkeit des Himmels fokussieren und die unbegrenzte, nie endende Freiheit des Universums sehen, spüren Sie dies auch in sich – Sie spüren dann auch ein erstaunliches Gefühl der Freiheit. So wird das äußere Staunen zum inneren Staunen.

Sobald Sie sich in der letzten Reihe befinden, fühlen Sie sich ruhig, heiter, friedlich und fließend; Stress und Sorgen verschwinden, und die geistige Anspannung löst sich in Luft auf. Die fünfzehnte Reihe verliert für Sie kurzzeitig an Bedeutung.

Diese Wiederverbindung mit Ihrem Selbst in der letzten Reihe können Sie jeden Tag und jede Nacht einige Male erleben. Dazu reichen wenige Augenblicke, die Erstaunliches bewirken können.

Nun werden Sie vielleicht fragen: »Kann das denn so einfach sein?« Die Antwort lautet natürlich: »Ja!«

Die Erde unter uns

Nun werden wir uns auf die Erde hinab begeben und die entgegengesetzte Seite Ihrer Welt erforschen. Der Blick in die Tiefen des Himmels über uns ist ein wunderbar befreiendes Erlebnis aus der »letzten Reihe«, doch ebenso befreiend kann es sein, unsere Verbindung zur Erde unter uns zu spüren.

Damit Sie auch noch aus einer anderen Perspektive einen Blick auf das umfassendere Bild werfen können, möchte ich Sie bitten, nach draußen zu gehen und einen kurzen Spaziergang zu unternehmen. Sie können aber auch im Haus oder an Ihrem Arbeitsplatz bleiben, sich auf einen bequemen Stuhl setzen und sich vorstellen, dass Sie draußen spazieren gehen. Ob draußen oder drinnen, schauen Sie, wie schön die Bäume sind. Sie werden die Bäume mit anderen Augen und mit neuartiger Klarheit sehen. Vielleicht haben Sie sich schon durch tiefes Atmen beruhigt; und vielleicht atmen Sie auch beim Spazierengehen tief. Jedenfalls merken Sie beim Gehen und Atmen oder beim Atmen und Gehen, dass die Bäume, die Sie sehen (oder sich vorstellen) ebenso Bestandteil der Existenz sind wie Sie, und dass Sie selbst ebenso voller Leben sind wie die Bäume.

Suchen Sie sich nun einen Ort, wo Sie sich hinsetzen können, im Gras oder auf einer Bank (oder auf Ihrem Stuhl), und stellen Sie dort die Füße flach auf den Boden. Wenn nötig, können Sie die Position verändern; aber achten Sie darauf, dass beide Füße immer flach auf dem Boden stehen. Nehmen Sie dabei auch die Empfindungen in Ihren Füßen wahr, und richten Sie Ihre gesamte

Aufmerksamkeit darauf, was Sie in den Füßen, den Fersen, den Fußballen und den Zehen spüren. Versuchen Sie auch zu spüren, wo Ihre Füße den Boden berühren und wo zwischen Boden und Fuß ein Zwischenraum ist. Nehmen Sie Ihre Füße wahr, ganz gleich, ob Sie Schuhe oder Socken anhaben oder barfuß dasitzen. Versuchen Sie, Ihre Füße zu *sein*. Wenn Sie Ihre Aufmerksamkeit vollständig auf die Füße konzentrieren, könnten Sie interessante Empfindungen bemerken – vielleicht eine gewisse Schwere, vielleicht ein Kribbeln. Lassen Sie geschehen, was geschehen mag. Sie müssen nicht versuchen, etwas Bestimmtes zu tun, und Sie brauchen nichts zu verändern. Sie lernen, auf die bestmögliche Art für sich selbst zu sorgen, und zwar »von Grund auf«.

Wenn Ihre Füße flach auf dem Boden stehen, können Sie sich vorstellen, dass von Ihren Füßen Wurzeln ausgehen und in die Erde reichen. Spüren Sie das Austreten der Wurzeln aus Ihren Fußsohlen und wie sie sich in die Erde senken, einen Meter oder zwei Meter tief – je nachdem, wie alt oder jung Sie sich als Baum fühlen. Lassen Sie die Wurzeln aus Ihren Füßen sprießen und in die Erde eindringen, und spüren Sie, wie sie sich in der Erde ausbreiten. Sie fühlen sich geerdet, mit der Erde verbunden und tief im Leben verwurzelt.

Auch dies ist eine Möglichkeit, sich in die letzte Reihe zu begeben: Richten Sie Ihr Gewahrsein vollständig auf die Füße, und spüren Sie, wie sich die Wurzeln aus Ihren Füßen in die Erde senken. Sie können diese Übung im Freien und im Haus ausführen, im Sitzen und im Stehen. Die Übung kann Sie überallhin begleiten. Spüren Sie Ihre Verwurzelung im Boden. Stellen Sie sich dies anschaulich vor – lassen Sie diesen intensiven Kontakt zum Leben zu – dann treten Sie in einen wunderschönen Zustand inneren Friedens ein.

Die heilende Macht des Gefühls, in der Erde verwurzelt zu sein, besteht darin, dass Sie sich immer wieder mit dem verbinden, was wirklich wichtig ist. Sie leben. Sie sind Teil des Lebendigen, das Sie umgibt. Sie sind tiefer und fester verwurzelt als Ihr Problem.

Sehen lernen

Sich selbst und das eigene Problem »mit neuen Augen« zu sehen bedeutet in den meisten Fällen buchstäblich, dass man völlig neu sehen lernen muss. Ein Leben, das von chronischen Schmerzen, Begierden, Ängsten, Traurigkeit usw. geprägt ist, beeinträchtigt die Sehfähigkeit. Wenn Sie darauf fixiert sind, ein Problem zu bewältigen, leben Sie aus einer Gewohnheit heraus, marschieren zum Trommelschlag Ihrer gesellschaftlichen und familiären Konditionierung oder Ihres inneren Richters und haben die Macht des gegenwärtigen Augenblicks und die Schönheit der Welt aus den Augen verloren.

Das Resultat ähnelt der Existenz eines Roboters – einem mechanischen, blinden Leben. Die Bilder an den Wänden Ihres Hauses sind Ihnen so vertraut, dass Sie sie gar nicht mehr sehen. Sie haben sich an das Bild, das Sie aus dem Spiegel anschaut, so sehr gewöhnt, dass Sie gar nicht mehr wahrnehmen, wie Sie aussehen. Sie schauen, aber Sie *sehen* nicht.

Als wäre es das erste Mal

Sie können wieder lebendig und wach werden, und Ihr Blick kann seine Frische und Unvoreingenommenheit zurückgewinnen. Nehmen Sie sich ein wenig Zeit und üben Sie, sich selbst und Ihre Welt so anzuschauen, als sähen Sie alles zum ersten Mal.

Beginnen Sie mit Ihrem Körper. Schauen Sie zunächst einen Augenblick lang Ihre Hände an. Schauen Sie wirklich ganz genau hin: die Fingernägel, die Linien auf den Handflächen und die Knöchel. Schauen Sie, als sähen Sie all dies zum ersten Mal. Schauen Sie ebenso Ihre Füße, Ihre Beine, Ihre Arme und Ihren Bauch an – als hätten Sie all dies noch nie gesehen. Und wenn es Ihnen keine besondere Mühe bereitet, dann schauen Sie sich auch Ihr Gesicht in einem Spiegel so an, als sähen Sie sich selbst zum ersten Mal. Achten Sie ganz besonders auf Ihre Augen; denn wenn Sie Ihre Augen wirklich anschauen, gewinnt Ihr Blick an Frische.

Nun sollen Sie sich Ihren Beziehungen zuwenden. Wenn Sie mit Freunden oder mit Ihrer Familie zusammen sind oder sich an Ihrem Arbeitsplatz befinden, dann schauen Sie sich die Menschen dort so an, als sähen Sie sie zum ersten Mal. Lassen Sie Ihren Blick nicht länger durch Gewohnheiten trüben. Sehen Sie Ihren Partner, Ihre Kinder (falls Sie welche haben), Ihre Eltern (falls diese noch leben), Ihre Freunde, Ihren Chef und Ihre Arbeitskollegen an, als ob Sie sie zum ersten Mal sähen, als handle es sich um Menschen, die Sie soeben kennenlernen. Wenn Ihnen das gelingt, werden Ihre Augen glänzen.

Sie können diese Übung auch mit einfachen Objekten ausführen. Suchen Sie sich dort ein Objekt, wo Sie sich befinden, und richten Sie Ihre Aufmerksamkeit darauf. Es kann sich dabei um etwas handeln, das Sie ständig anschauen (etwa eine Uhr), oder um etwas, das Sie so gut wie nie bewusst wahrnehmen (zum Beispiel eine Lampe). Schauen Sie sich das Objekt als ein Ganzes mit einzigartigen Eigenschaften und Qualitäten an, mit einer besonderen Geschichte und eigenem Charakter. Und nun betrachten Sie dieses Objekt so, als hätten Sie es gerade erst entdeckt und sähen es zum ersten Mal. Wenn Sie sich weiter auf dieses eine Objekt konzentrieren, werden Sie vielleicht schon nach wenigen Augenblicken feststellen, dass Sie es mit neuen Augen sehen, und Sie werden erkennen, dass es auf seine Art erstaunlich ist.

Sie können in dieser Übung auch die Natur betrachten. Gehen Sie kurz ins Freie, und schauen Sie sich in der Natur um. Betrachten Sie die Wolken am Himmel, einen vorüberfliegenden Vogel, ein Blumenbeet, einen Baum in der Nähe oder einen Berg in der Ferne – und sehen Sie all dies wie zum ersten Mal. Schauen Sie sich auch so oft wie möglich den Sonnenaufgang und Sonnenuntergang an; sie gleichen einander nie.

Versuchen Sie, sich selbst und Ihre Welt zu sehen, als wäre es das erste Mal. Streben Sie danach, diese Sichtweise dauerhaft zu verinnerlichen. Dadurch kann sich vieles ändern. Wenn Sie klarer und wahrheitsgemäßer sehen, leben Sie stärker in der Gegenwart – spontaner und kreativer.

Und vielleicht sehen Sie dann auch sich selbst klarer, und Sie erkennen, dass Sie ganz und gar einzigartig Sie selbst sind – dass Sie zu hundert Prozent *Sie* sind. Das Leben produziert nie weniger als dies. Einen Menschen wie Sie hat es vor Ihnen noch nie gegeben. Und es wird auch nie mehr einen Menschen wie Sie geben. Keines anderen Menschen Fingerabdrücke gleichen den Ihren; niemandes Augen sind wie Ihre; und niemand hat die gleiche Stimme wie Sie. Sie brauchen nicht zu versuchen, Sie selbst zu sein. Sie brauchen nichts Besonderes zu haben. Sie *sind* jemand Besonderes. Das liegt im Wesen Ihrer Seele. Es ist Ihr wahres, authentisches Selbst in der letzten Reihe Ihres inneren Theaters.

Ihre sieben Sinne

Um diesen frischen Blick auf uns selbst und unser Leben zu entwickeln, müssen wir mehr tun, als nur zu sehen. Das Sehen mag unsere wichtigste Sinnesfähigkeit und unsere Augen mögen das »Fenster zur Seele« sein, wie es oft heißt, doch auch die übrigen Sinne sind sehr wichtig, wenn wir in die letzte Reihe gelangen wollen.

Nachdem Sie sich selbst und Ihre Welt mit einem frischen Blick betrachtet haben, sollten Sie versuchen, nacheinander auf die übrigen Sinne zu fokussieren. Deshalb möchte ich Sie bitten, nun die Augen zu schließen, damit Sie nicht durch irgendwelche Anblicke abgelenkt werden.

Wenn es Ihnen möglich ist, dann lassen Sie Ihre Alltagsaktivitäten eine Weile ruhen und suchen Sie einen Ort auf, an dem Sie sich wohlfühlen. Setzen oder legen Sie sich dort hin, und spüren Sie zunächst, wie Ihr Körper von dem Stuhl, den Kissen oder der Matratze – worauf auch immer Sie sitzen – unterstützt wird. Nehmen Sie wahr, wie weich oder fest diese Unterlagen sind, wo sie Ihren Körper berühren und wo nicht. Achten Sie auch auf alle Stoffe und Temperaturen in Ihrer Umgebung: darauf, wie sich Ihre Kleidung anfühlt, auf die Kühle oder Wärme der Luft auf Ihrem Gesicht, auf den leichten Druck Ihrer Lippen, die einander berühren. Lassen Sie sich jede Art von physischem Kontakt beobachten und untersuchen. Sie sind Ihre Haut.

Lauschen Sie als Nächstes auf alle Geräusche und Klänge, die Sie umgeben. Nehmen Sie die Geräusche draußen wahr: die Laute der Vögel, das Rauschen des Windes, den Lärm der in der Nähe spielenden Kinder, und vielleicht auch Geräusche, die Ihnen unangenehm sind, etwa das Brummen eines Flugzeugs über Ihnen oder das Bellen eines Hundes in der Nachbarschaft. Achten Sie ebenso auf Geräusche im Haus: das Ticken einer Uhr, das Knacken im Ofen oder das leise Summen einer Glühbirne. Und horchen Sie auch in sich selbst hinein: auf Ihren Atem und auf den Schlag Ihres Herzens. Und wenn Sie nichts hören, dann lauschen Sie dem Klang der Stille. Sie sind Ihre Ohren.

Und nun riechen Sie auch die Gerüche: den Nadelbaum im Garten, die Blumen in der Vase, den Duft Ihres Make-up oder Aftershave, die Kochgerüche, den Duft frisch gewaschener Kleidung, den Geruch der Asche aus dem Ofen und den frischer Luft. Einige behaupten, das Leben selbst habe einen Duft. Sie sind Ihre Nase.

Schmecken Sie etwas? Einen Nachgeschmack des Kaffees, den Sie beim Frühstück getrunken haben, oder den eines Sandwichs, das Sie zu Mittag gegessen haben? Schmecken Sie Spuren von Lippenbalsam oder Lippenstift? Wenn nicht, dann lecken Sie über Ihre Lippen, und kosten Sie den Salzgeschmack, die Feuchtigkeit oder die Trockenheit. Sie sind Ihre Zunge.

Nicht viele Menschen wissen, dass sie noch zwei weitere Sinne haben. Ganz richtig … sieben Sinne (und Sie dachten, Sie hätten nur fünf!). Deshalb sollen Sie Ihre Aufmerksamkeit nun auf das richten, was oft »sechster Sinn« genannt wird: die Intuition. Was nimmt Ihre Intuition im Moment hinsichtlich Ihrer Selbstfürsorge wahr? Welches Bauchgefühl spüren Sie bezüglich des Problems, das Sie beschäftigt? Was sagt Ihr Herz darüber, dass Sie Ihrer körperlichen Empfindungen so intensiv gewahr werden? Sie sind Ihre Intuition.

Und schließlich: Was sagt Ihr siebter Sinn, Ihr Humor? Lächeln Sie, oder sind Sie vergnügt? Können Sie ein bisschen über sich selbst lachen? Über Ihre Unbeholfenheit bei Versuchen, etwas Neues zu lernen? Über das Komische an Ihren Problemen? Über die auftauchenden Widerstände? Sie sind Ihr Lachen.

In Wahrheit sind Sie stark durch Ihre Vergangenheit geformt, durch Ihre Erlebnisse programmiert und in Ihren Gewohnheiten gefangen. Wenn Sie mit einer Gewohnheit schon lange leben – mit einem Schmerz, einer Begierde oder einer Angst, was es auch sein mag –, schlägt sie in Ihrem Körper Wurzeln. Sie wird zu einem festen Bestandteil Ihrer Körperchemie. Sie wird automatisiert.

Doch wenn Sie wieder lernen zu sehen – aber auch zu fühlen, zu hören, zu riechen, zu schmecken, Ihre Intuition zu nutzen und zu lachen –, dann treten Sie aus Ihrer Prägung heraus und eignen sich für ein paar Augenblicke eine neue Sicht auf das Leben an. Durch die Einstimmung auf Ihre sieben Sinne treten Sie direkt zu Ihrem Selbst der letzten Reihe in Kontakt – zur Macht des Augenblicks und zur weisen Stimme Ihrer Intuition –, und dies hilft Ihnen bei der Suche nach neuen, kreativeren Lösungen Ihres Problems.

Das Problem deprogrammieren

Es folgt nun eine kurze Meditation, in der es darum geht, wie die Reaktivierung der Sinnesfähigkeiten dazu beitragen kann, Ihr Problem zu deprogrammieren.

Machen Sie es sich bequem, atmen Sie dreimal tief und reinigend, und lesen Sie dann langsam und leise die folgenden Zeilen. Sie werden dadurch unmittelbar zu Ihrer heilenden inneren Stimme in Kontakt treten.

Wenn du gehst, dann gehe langsam … und aufmerksam.

Die Brise, die du spürst,

streicht sanft über deine Haut.

Wenn du schaust, dann schaue klar … und aufmerksam.

Die Bäume, die du siehst,

sind grüner, als sie jemals waren.

Wenn du hörst, dann höre genau … und aufmerksam.

Die Vögel, die du hörst,

singen lieblicher, als du dir vorstellen kannst.

Und lerne etwas.

Lerne, auf den gegenwärtigen Augenblick zu fokussieren.

Mache den Augenblick zu deinem Ziel.

Dein innerer Richter, der sich jeder Veränderung widersetzt,

wird versuchen, dir den Weg zu verstellen.

Er sagt »Du wirst nie glücklich sein« und »Es ist zu schwer«.

Unterdrücke ihn nicht, damit er sich nicht noch stärker wehrt.

Beobachte einfach, und sei höflich.

Sage nie: »Ich hasse dich, hau ab!«

Sage: »Ja, ich höre dich. Und ich danke dir.

Aber ich möchte dir im Moment nicht folgen.«

Das dritte Auge

Wir wenden uns nun von der äußeren Welt der Sinnesorgane ab und jener inneren Welt zu, die wir uns mithilfe unseres »sechsten Sinns«, unserer Intuition, erschließen können. Nach innen zu schauen ist nicht schwieriger, als nach außen zu schauen, insbesondere wenn Sie mit Ihrem dritten Auge sehen können.

Vielleicht haben Sie schon einmal vom dritten Auge gehört. Ihre beiden normalen Augen ermöglichen Ihnen das Sehen in der äußeren Welt. Sie haben aber auch ein drittes Auge, das sich genau zwischen den beiden Augenbrauen befindet und das dafür da ist, nach innen zu schauen. In der Mystik der Buddhisten und Hindus und in der jüdischen Kabbala wird das dritte Auge als Symbol für Erleuchtung und für spirituelle Transzendenz angesehen. Andere Bezeichnungen für das dritte Auge sind »Auge der Weisheit«, Sitz des »inneren Lehrers«, »sechstes Chakra« oder »Stirn-Chakra«, das Zentrum der Weisheit und das »zehnte Tor«, das in Myriaden innerer Reiche eines höheren Bewusstseins führt. Am bekanntesten ist es wohl unter der Bezeichnung »Auge des Geistes«.

Einige sind der Auffassung, das dritte Auge sei mehr als eine Metapher. Seit Jahrhunderten ist bekannt, dass es zwischen den beiden Hirnhälften eine kleine Drüse gibt, die Zirbeldrüse, und man vermutete, dass diese Drüse das mythische und mystische dritte Auge sei. René Descartes, ein bedeutender französischer rationalistischer Philosoph und Mathematiker des 19. Jahrhunderts, studierte die Zirbeldrüse und nannte sie den »Sitz der Seele«. Die moderne medizinische Wissenschaft hat entdeckt, dass die Zirbeldrüse (die bei Erwachsenen nur noch teilweise aktiv ist) Melatonin produziert, das Hormon, das uns lichtempfindlich macht und dadurch unseren zirkadianen Schlaf-wach-Rhythmus beeinflusst. Vielleicht wird deshalb seit Ewigkeiten eine Verbindung zwischen dem dritten Auge und der Erleuchtung bzw. dem inneren Erwachen gesehen.

Doch einmal ganz abgesehen davon, ob das dritte Auge nur ein Symbol ist oder ob es wissenschaftlichen Kriterien standhält, scheint es sich bei vielen Menschen im Erwachsenenalter zu schließen. Da wir alle in unseren Alltagspflichten und unseren persönlichen Problemen gefangen sind, nehmen wir uns nicht die Zeit, nach innen zu schauen.

Und doch ist das dritte Auge nicht blind. Es ist da, ist voll funktionsfähig, und wir können es jederzeit öffnen. Dazu brauchen wir nur zu lernen, *wie* es sich öffnen lässt. Es folgt die Beschreibung einer Übung, auf die ich im Laufe meiner Beschäftigung mit Meditation gestoßen bin.

Schließen Sie die Augen, und richten Sie Ihre Aufmerksamkeit auf die Mitte zwischen Ihren Augenbrauen. Fokussieren Sie auf Ihr drittes Auge, als würden Sie mit beiden physischen Augen darauf schauen. Ihre Aufmerksamkeit wird sich dann schnell nach innen konzentrieren – das dritte Auge zieht sie wie ein Magnet an –, und Ihre beiden Augen werden wie in einem Zustand tiefer Meditation fixiert sein. Es ist erstaunlich, wie schnell und umfassend Sie dieses kleinen Bereichs Ihres Körpers gewahr werden können. Das dritte Auge scheint geradezu danach zu hungern, wahrgenommen zu werden. Es hungert seit vielen Jahren danach. Indem Sie ihm Ihre volle Aufmerksamkeit schenken, nähren Sie es, und dann öffnet es sich weit.

Sobald Ihr Gewahrsein auf Ihr drittes Auge gerichtet ist, beginnen Sie, Ihr Problem aus einer wundervollen neuen Perspektive zu sehen. Statt sich blind und automatisch mit Ihren Begierden, Ihrer Angst, Ihrer Wut oder Ihrem inneren Kritiker zu identifizieren – statt sich in Ihrem Problem zu verfangen oder in der fünfzehnten Reihe sitzen zu bleiben –, begeben Sie sich in die letzte Reihe und sehen Ihre Gedanken, Gefühle und Kritiken von dort aus distanzierter, objektiver und mitfühlender.

Durch das dritte Auge sehen Sie Ihre Gedanken, Gefühle und Kritiken wie vorüberziehende Wolken am Himmel oder wie Menschen, die auf dem Gehweg vorübergehen. Sie sitzen am Fenster, beispielsweise im dritten oder vierten Stock, schauen in den Himmel über Ihnen oder auf die Straße unter Ihnen, identifizieren sich aber nicht mit dem, was Sie sehen. Sie sind neugierig und mitfühlend, aber gleichzeitig distanziert, in sich selbst zentriert, ein Beobachter, ein Zeuge, der das Kommen und Gehen der Gedanken, Gefühle und Kritiken beobachtet.

Durch diese Übung trainieren Sie Ihr drittes Auge darin, nach innen zu schauen. Dadurch stärken Sie Ihr Gewahrsein, Sie entspannen sich, und Sie gewinnen an Präsenz. Wie ich bereits erwähnte, geschieht Veränderung zuerst im Inneren und erst später außen. Schauen Sie also nach innen, und sehen Sie die Dinge mit einem anderen Auge – mit Ihrem dritten Auge.

Körper, Geist, Herz und Seele

Unser Inneres zu erforschen beinhaltet mehr, als nur in uns hineinzuschauen. Es bedeutet auch, der Stimme der inneren Weisheit zu lauschen – Ihrer inneren Stimme – und zu hören, was sie über die Auflösung Ihres Problems zu sagen hat. Für den Umgang mit all den lauten, ständig plappernden und einander widersprechenden Stimmen in Ihrem Kopf – den Stimmen des Schmerzes, der Begierde, der Angst, des inneren Richters usw. empfehle ich Ihnen die Technik der Komiteeversammlung, die in den Schritten 1 und 2 beschrieben wurde.

Ob es um sehr viele Komiteemitglieder oder nur um einige wenige geht, spielt im Grunde keine Rolle. Solange alle anerkannt und akzeptiert werden und man ihnen allen zum Ausdruck verhilft, sind Sie offen dafür, Neues zu lernen, Neues zu erleben und sich neue Perspektiven zu erschließen, und Sie können im Rahmen eines Komiteeberichts, der die Meinungen und Einstellungen aller Beteiligten berücksichtigt, zu neuen Antworten gelangen.

Es folgt die Beschreibung einer anderen Art von Komiteeversammlung, die nicht zum Ziel hat, Ihren Geist vom ständigen Geplapper Ihrer vielen Anteile zu reinigen, sondern die Sie direkt mit Ihrer heilenden inneren Stimme verbinden soll.

Nehmen Sie ein Blatt Papier, und schreiben Sie oben die vier Wörter »Körper«, »Geist«, »Herz« und »Intuition« untereinander auf. Machen Sie es sich dann zunächst möglichst bequem. Fokussieren Sie auf die Atmung, auf das Steigen und Fallen jedes Atemzugs, und beachten Sie, dass Ihr Atem einen Rhythmus hat, ein und aus, wie die Wellen am Strand. Akzeptieren Sie Ihren Atem, wie er ist, groß oder klein, tief oder flach, und halten Sie jeweils an den Wendepunkten einen Moment inne, einen Augenblick der Ruhe, einen Augenblick des Friedens …

Nehmen Sie dann den Stift in Ihre nichtdominante Hand, nehmen Sie Ihren *Körper* von den Füßen bis zum obersten Punkt des Kopfes wahr, und fragen Sie sich: »Wie empfindet mein Körper das Problem, mit dem er konfrontiert ist?« Spüren Sie irgendwo eine Anspannung? Eine Verhärtung? Empfinden Sie irgendwo Stress? Vielleicht fühlen Sie sich im Bauchbereich oder im Nacken verkrampft. Sie können auf dem Blatt kritzeln, Bilder zeichnen oder Wörter notieren. Wenn Ihr Körper reden könnte, wenn er eine eigene Stimme hätte und sich in Worten über Ihr Problem äußern könnte, was würde er dann sagen? Ich spüre … hier steckt meine Anspannung … hier habe ich Schmerzen … hier fühle ich mich unwohl.

Geben Sie Ihrem Körper eine Stimme, und drücken Sie aus, was er bezüglich Ihrer Ziele empfindet. Das können Empfindungen sein, die Ihnen schon seit Langem bekannt sind, es können aber auch Dinge sein, die Ihnen erst in allerletzter Zeit aufgefallen sind. Lassen Sie Ihren Körper ausdrücken, was er ausdrücken will. Sie brauchen nichts mehr davon zu unterdrücken. Ihr Körper spricht. Dies ist seine Sprache. Nehmen Sie sich ein wenig Zeit, um Ihren Körper zu Wort kommen zu lassen. Lassen Sie ihn ausdrücken, was er ausdrücken will. Dies ist Ihre Chance, zu Ihrem Körper ja zu sagen. Was immer Sie empfinden, was immer Sie sagen wollen, bringen Sie es mit Ihrer nichtdominanten Hand zu Papier. So ist es gut.

Und wenn Sie sich bereit fühlen, dann benutzen Sie Ihre Atmung als Brücke zu Ihrem *Geist*, zu Ihrem Denken, Ihrer Intelligenz, Ihren Ideen und Ihren Theorien. Was sagt Ihr Geist über Ihr Problem? Er denkt unablässig, und vielleicht haben Sie eine Menge Gedanken, Ansichten und Meinungen. Worüber denken Sie nach? Welche Ideen haben Sie in Bezug auf Ihr Problem? Was beschäftigt Sie wegen dieses Problems? Was macht Ihnen daran Sorgen, lässt Sie zweifeln, nährt Ihre Abneigung und Ambivalenz? Notieren Sie alle Gedanken, die Ihnen in den Sinn kommen. Lassen Sie Ihre Intelligenz zu Wort kommen. Was sagt sie?

Lassen Sie Ihren Geist sich ausdrücken, kommunizieren, zu Wort kommen, vom Kopf zur Hand und auf das Papier. Was sagt er? Vielleicht das, was Sie erwartet haben, vielleicht aber auch mehr oder weniger. So ist es gut. Was sagt Ihr Geist? Vielleicht gewinnen Sie den Eindruck, dass Sie bezüglich des Problems auf Ihren Kopf fixiert waren. Vielleicht haben Sie das Gefühl, Sie hätten zu viel darüber nachgedacht – oder zu wenig. Ich weiß es nicht. Und es spielt auch keine Rolle. Geben Sie einfach Ihrem Geist, Ihren Ideen, Ihren Gedanken, Ihrem Verstand, Ihrer Intelligenz eine Stimme, sodass sie etwas zu Ihrem Problem sagen können.

Und dann fokussieren Sie, sobald es für Sie richtig ist, erneut auf die Atmung, verfolgen das Steigen und Fallen jedes Atemzugs und benutzen das Atmen als Brücke für den Wechsel vom Geist zum *Herzen.* Vergegenwärtigen Sie sich, wie Ihr Herz Ihr Problem wahrnimmt. Es geht hier nicht um das fassbare Organ, sondern um das Herz als Metapher dafür, wie Sie sich fühlen. Was fühlen Sie hinsichtlich Ihres Problems? Sie spüren Ihre Gefühle im Bereich des Brustkorbs, zwischen den beiden Achselhöhlen. Viele Menschen fühlen sich in diesem Bereich verschlossen und angespannt, wenn sie gestresst sind, und warm und offen, wenn sie entspannt sind. Was fühlen Sie? Welche Emotionen dominieren bei Ihnen?

Wenn Ihr Herz eine Stimme hätte und reden könnte, was würde es dann über Ihr aktuelles Problem sagen? Was würde es über dieses Ziel sagen? Akzeptieren Sie, was Sie fühlen, und drücken Sie es aus. Geben Sie Ihrem Herzen die Möglichkeit zu reden. Sicher haben Sie schon einmal den Ausdruck »Herzensgefühle« gehört. Sie brauchen nichts mehr zu unterdrücken, nichts mehr zurückzuhalten. Sprechen Sie alles aus, was Ihr Herz angesichts dieses Problems empfindet. So ist es gut. Nun endlich haben Sie die Möglichkeit, hier und jetzt, Ihrem Herzen eine Stimme zu geben, die

Gefühle auszudrücken, die Sie angesichts Ihres Problems empfinden – aus dem Herzen heraus. Lösen Sie sich von allem, lassen Sie alles los, lassen Sie los. Seien Sie ganz und gar Herz, und geben Sie Ihrem Herzen eine Stimme. Vom Herzen kommend zur Hand und auf das Papier. Gut.

Und nutzen Sie nun Ihren Atem wieder als Brücke, und richten Sie, sobald Sie sich bereit fühlen, Ihre Aufmerksamkeit wieder auf das Steigen und Fallen jedes Atemzugs, und fragen Sie sich dann: Was sagt meine *Intuition* über mein Problem? Lassen Sie die Intuition sich äußern. Und notieren Sie, zuerst mit Ihrer nichtdominanten und dann mit Ihrer dominanten Hand, was Ihre Intuition sagt. Sie haben gehört, was Ihr Körper zu sagen hatte, Sie haben Ihren Geist reden hören, und Sie haben Ihr Herz gehört. Was hat nun Ihre Intuition zu sagen? Die meisten Menschen verorten Ihre Intuition in Ihrem Bauch und sprechen deshalb von Bauchgefühlen. Tatsächlich jedoch handelt es sich bei dem, was wir Intuition nennen, um Ihr tiefstes Wesen, Ihr wahres, authentisches Selbst, um jenen geheimen, heiligen Teil von Ihnen – einige nennen ihn Seele –, aus dem alle Weisheit und alle kreative persönliche Einsicht entspringt. Der Dichter William Wordsworth hat die Intuition wie folgt beschrieben: »Mit einem Auge, das durch die Macht der Harmonie und die tiefe Macht der Freude beruhigt ist, werden wir eine lebende Seele und schauen in das Wesen der Dinge.«

Und wenn wir aus der Perspektive der letzten Reihe das große Bild sehen, angenehm losgelöst, liebevoll und mitfühlend, was taucht dann auf? Was erscheint Ihnen dann als die beste Lösung Ihres Problems? Nehmen Sie sich genügend Zeit, seien Sie geduldig, und fragen Sie sich, was Ihre Intuition Ihnen offenbaren wird. Vielleicht genau das, was Sie erwartet haben, vielleicht aber auch etwas völlig anderes. Das Resultat kann sehr einfach, aber auch ziemlich komplex sein. Es kann alles sein. Von der letzten Reihe aus betrachtet, mit der nichtdominanten Hand schreibend, kritzelnd, Bilder malend – wie ließe sich das Problem aus dieser Perspektive am besten lösen? Bedenken Sie, dass dies die Sicht Ihres innersten Wesens ist. Die Seele, die Intuition, die heilende innere Stimme ist Ihrer inneren Weisheit näher, als Sie je zuvor gewesen sind. Was ist, von der letzten Reihe aus betrachtet, die beste Lösung?

Spüren Sie, wie befreiend es wirkt, wenn Sie Ihre Intuition zulassen. Sie können darauf vertrauen, dass die Stimme Ihrer Intuition zu hundert Prozent zum Ausdruck gelangt, wenn Sie zu hundert Prozent Ihrem Körper, Ihrem Geist und Ihrem Herzen eine Stimme geben. Dies ist gemeint, wenn vom Ganzsein die Rede ist, vom wahren Selbst, davon, sich selbst zu ehren, sich selbst zu akzeptieren, mit Körper, Geist, Herz und Seele. Sie haben dies schon vorher gehört. Hören Sie Ihrem eigenen Körper, Ihrem Geist, Ihrem Herzen und Ihrer Seele zu, und lassen Sie sich von ihnen leiten.

Noch ein letztes Wort zu den Komiteeversammlungen: Wenn Sie alle größeren Probleme mit Ihrem inneren Komitee abhandeln und regelmäßig mit ihm konferieren, wird das eines Tages gar nicht mehr nötig sein. Nach einer Weile wird Ihnen dieses Vorgehen zur zweiten Natur. Sie können Ihr Gewahrsein dann auf Probleme richten, sie akzeptieren, ausdrücken und auflösen, ohne überhaupt darüber nachzudenken. Es verhält sich damit so wie mit dem Lesenlernen in der Kindheit. Zuerst mussten Sie das Alphabet erlernen: Sie lernten die einzelnen Buchstaben auswendig und fingen an, die Wörter Buchstaben für Buchstaben auszusprechen. Doch schon bald wurde das Lesen für Sie zur Selbstverständlichkeit, zu einem völlig normalen Teil Ihres Bewusstseins. Genau das geschieht mit der Technik der Komiteeversammlung. Zuerst ist ein gewisser Aufwand an Zeit und Mühe erforderlich; aber schon bald wird dieser Denkprozess verinnerlicht, und Sie können ihn unbewusst einsetzen.

Zeitreisen

Die Erforschung der einander entgegengesetzten Bereiche Ihrer Welt – oben und unten, außen und innen – hat Ihnen geholfen, Ihr Problem im Rahmen des größeren Bildes zu sehen und sich in sich selbst zu zentrieren. Es gibt aber noch eine weitere Polarität – die von Vergangenheit und Zukunft –, die diesem größeren Zusammenhang (dem größeren Bild) die Zeitdimension hinzufügt. Mithilfe des ACE-Fragebogens in Schritt 1 und des Fragebogens über die familiären Konditionierungen in Schritt 2 haben Sie schon erlebt, welche heilende Wirkung mit dem Blick in die Vergangenheit und dem Akzeptieren und Ausdrücken der dort vorgefundenen Verletzungen verbunden ist. Die Arbeit an Erinnerungen kann aber noch wirksamer sein und noch befreiender und zentrierender wirken, wenn Sie sie mit einem kreativen, intuitiven Blick in die Zukunft aus der Perspektive der letzten Reihe verbinden.

Um dies zu demonstrieren, werden Sie nun erleben, wie eine kleine Zeitreise Ihnen helfen kann, Ihre negativen Gefühle in Bezug auf andere Menschen aufzulösen.

Nehmen Sie sich also ein wenig Zeit, machen Sie es sich bequem, und atmen Sie ein paar Mal tief und behaglich, und …

Stellen Sie sich vor, Sie sitzen in der letzten Reihe eines Kinosaals, beobachten Ihren inneren Kritiker in der fünfzehnten Reihe und schauen sich mit ihm gemeinsam den Film Ihres Lebens an. Nur sehen Sie diesmal auf der Leinwand einen Menschen, der Ihnen hinlänglich bekannt ist und der Ihnen auf die Nerven geht, der Ihnen ständig lästig ist – vielleicht einen Arbeitskollegen, Ihren Chef, einen Nachbarn, jemanden aus dem Fernsehen. Einen Menschen aus Ihrem Leben, den Sie oft und gerne kritisieren.

Sie sehen diesen Menschen in Ihrem Film so handeln, wie er es immer getan hat – er irritiert Sie, bringt Sie auf die Palme. Nun stellen Sie sich vor, dass das Bild auf der Projektionsleinwand eine Sekunde lang flimmert und dann eine Rückblende in die Kindheit dieses Menschen gezeigt wird, beispielsweise in die Zeit, in der er fünf oder sechs Jahre alt war. Gut. Versuchen Sie festzustellen, wie er als Kind aussah, wie es klang, wenn er redete, wie es bei ihm zu Hause aussah und wie seine Eltern, Brüder und Schwestern waren. Nehmen Sie sich die Zeit, sich die Szene so detailliert wie möglich vorzustellen.

Dann verschwimmt das Bild auf der Projektionsleinwand erneut, und eine Vorblende zeigt eine Situation, in der die Person, die Sie so hart verurteilen, 80 oder 85 Jahre alt ist. Versuchen Sie sich vorzustellen, wie dieser Mensch später im Leben aussehen könnte, wie sich seine Stimme anhören könnte, mit wem er noch Kontakt haben könnte und was er dann tun könnte. So ist es gut.

Dann flimmert das Bild erneut, und Sie kehren in die Gegenwart zurück. Schauen Sie sich die Person, die Sie so irritiert, noch einmal genau an, wie sie jetzt ist, wie sie in Ihrem Lebensfilm agiert, und versuchen Sie in ihr, so wie sie heute auf Sie wirkt, ein wenig von dem fünfjährigen Kind wiederzuentdecken. Vielleicht ist die Nase ähnlich, vielleicht der Blick, vielleicht auch die Art zu gehen. Entdecken Sie das in der erwachsenen Person verborgene Kind. Und schauen Sie dann noch einmal und versuchen, die achtzigjährige Person in der gegenwärtigen zu entdecken. Es ist genau der gleiche Mensch, seine Schultern etwas gebeugt, seine Stimme klingt nicht mehr so voll, sein Haar ist grau, und er geht nun langsamer. Schauen Sie sich an, was die Zeit mit diesem Menschen machen wird.

Und wenn Sie sich bereit fühlen, dann fragen Sie sich von Ihrem Platz in der letzten Reihe aus, welche Gefühle Sie mit Ihrem Lebensfilm verbinden, nachdem Sie all dies erlebt haben. Was empfinden Sie gegenüber der Person, die Sie kritisieren? Und was empfinden Sie gegenüber Ihrem inneren Kritiker? Hören Sie sich an, welche neuen Antworten Ihre Stimme Ihnen anbietet.

Wie Sie bereits wissen, sollten Sie nicht versuchen, sich davon abzuhalten, dass Sie andere Menschen beurteilen, denn das verschlimmert die Situation nur noch. Doch indem Sie die Menschen im großen Zusammenhang ihres ganzen Lebens sehen, von der Kindheit bis zum vorgerückten Alter, gewinnen Sie einen tieferen Einblick und lernen, verständnisvoller zu sein und zu vergeben.

Und nun verrate ich Ihnen ein wichtiges Geheimnis: Wenn Ihnen dies bei anderen Menschen gelingt, schaffen Sie es auch bei sich selbst.

Die Vergangenheit annehmen

So problematisch Ihre Erinnerungen auch sein mögen, und ganz gleich, wie viele beunruhigende, verstörende Stimmen aus der Kindheit in Ihrem Kopf existieren, Sie können sich trotzdem selbst verstehen, sich akzeptieren – sich sogar lieben –, so wie Sie sind. Ich möchte, dass Sie sich nun einen ruhigen Ort suchen, es sich dort bequem machen, ein paar Mal tief durchatmen und sich so auf einen langen, entspannenden Spaziergang vorbereiten.

Achten Sie zunächst darauf, dass Sie sich auf einem wunderschönen Pfad befinden, der so breit ist, dass viele nebeneinander gehen können, obwohl Sie heute als Einziger dort unterwegs sind. Sie gehen einen kleinen Berg hinunter und sehen wunderschöne Bäume wachsen, deren Zweige den Pfad überwölben und eine Art grünen Baldachin bilden. Dies ist wirklich ein wunderschöner Ort. Sie sehen die Vögel – noch besser hören Sie sie. Durch die Zweige der Bäume blitzt der blaue Himmel, und Sie spüren die Wärme der Sonne. Es ist ein sehr schöner Tag. Da sitzen Sie nun also allein an diesem Ort, und die Situation ist wirklich sehr friedvoll und schön. Mutter Natur hat es mit diesem Flecken Erde gut gemeint.

Und während Sie weitergehen, fällt Ihnen weit in der Ferne auf dem Weg ein großer Baum auf. Er scheint der größte Baum im ganzen Wald zu sein. Sie interessieren sich für ihn und nähern sich ihm, und in der Ferne erkennen Sie ein paar Eichhörnchen auf den Ästen. Die Wolken hoch am Himmel sehen sehr schön aus. Dies ist einer der Tage, die Sie lieben, weil das Klima so angenehm und die Natur so freigebig ist.

Und Sie gehen weiter auf den Baum zu, und während Sie ihm immer näher kommen, erkennen Sie, dass an seinem Stamm ein kleines Kind sitzt. Merkwürdig. Sie kommen näher und näher, und allmählich wird Ihnen klar, dass Sie das Kind kennen. Sie kommen noch näher, sodass das Kind schließlich vor Ihnen sitzt, und in diesem Moment sehen Sie: *Sie selbst* sind das Kind.

Was für ein Augenblick! Von der Kraft tiefer Selbstliebe bewegt, umarmen Sie das Kind, und das Kind umarmt Sie. Sie spüren Nähe und Einssein, und vielleicht haben Sie und hat das Kind sich seit Langem nicht mehr so gefühlt. Sie empfinden beide tiefe Liebe und Verbundenheit.

Nun kann sich ein Gespräch entwickeln, in dem Sie als Erwachsener alles sagen, was Sie dem Kind sagen wollen. Sie können ihm jeden Rat geben, der Ihnen am Herzen liegt. Sie können jede Ermutigung aussprechen, die Ihnen wichtig ist. Sie können Vergeben, Unterstützung und Verstehen ausdrücken. Das Kind hört sich völlig offen alles an, was Sie ihm zu sagen haben.

Natürlich will das Kind auch Ihnen ein paar Dinge sagen, Ihnen ein paar Fragen stellen, ein paar Sorgen äußern, ein paar Geheimnisse offenbaren, ein paar Hoffnungen und Träume zu Gehör bringen. Und auch Sie hören ihm zu und sind seinen Worten gegenüber völlig offen. So ist es gut. Ein wunderschönes Gespräch!

Dann merken Sie, dass die Sonne zu sinken beginnt und dass es an der Zeit ist, den Hügel wieder hinaufzusteigen, zu Ihrem Ausgangspunkt zurückzukehren. Sie fühlen sich nun anders als vorher, stärker mit sich selbst verbunden, sofern das möglich ist. Lebendiger, erfrischt und entspannt, erleichtert und ermutigt. Auf dem Weg zurück fallen Ihnen noch mehr Farben auf, noch mehr Bäume und noch mehr Wolkenformationen, und Sie merken, dass Sie die Dinge generell viel klarer sehen.

Dieses Erlebnis wirkt wunderbar heilsam, und Sie können die Übung jederzeit wiederholen. Dies ist eine Zeit der Verbundenheit und Kommunikation mit sich selbst in Gestalt Ihrer weisen, liebevollen inneren Stimme.

Sich in die Zukunft versetzen

Die Macht dieser Form von Selbstgespräch wird um ein Vielfaches größer, wenn es uns gelingt, einen Augenblick lang in unsere Zukunft einzutreten. Indem Sie sich vorstellen, wie Sie sein werden, wenn Sie alt sind, stellen Sie eine Beziehung zwischen Ihrer gegenwärtigen Existenz, in der Sie von Problemen gequält werden, und Ihrer zukünftigen Situation her, einer Zeit, zu der Sie Ihre Probleme durchlebt haben, sodass Sie mit der Weisheit des Alters auf sie zurückschauen können. Die folgende Visualisierung hilft Ihnen, eine solche von Liebe und Respekt geprägte Beziehung zu entwickeln.

Versetzen Sie sich durch ruhiges Atmen in einen entspannten, aufnahmebereiten Zustand, eventuell ergänzt durch ein paar Dehnübungen, vielleicht auch durch das Ballen der Fäuste und das anschließende Lösen der Anspannung (Eingang und Ausgang) …

Stellen Sie sich vor, Sie unternehmen erneut einen langen Spaziergang und wählen einen Weg, der auf einen Hügel hinaufführt. Sie sehen wunderschöne Bäume, und obwohl Sie ihre Wurzeln nicht sehen, wissen Sie, dass diese sich unter der Erde befinden, und das gibt Ihnen viel Sicherheit. Sie sehen auch die Wolken am Himmel und beobachten, wie sie vorüberziehen, so wie auch Ihre Gedanken vorüberziehen – dort nähert sich einer … und dort verschwindet er wieder. Und während Sie die Wolken beobachten, legen Sie auf jede Wolke einen Gedanken und schauen, wie die Wolken und die Gedanken kommen und gehen. Wolken tauchen immer nur vorübergehend auf. Darauf können Sie sich verlassen.

Dann sehen Sie in der Ferne, an einen prächtigen alten Baum gelehnt, einen Menschen, der schon älter zu sein scheint. Zwar können Sie ihn von Ihrem Standort aus nicht genau erkennen, aber Sie sind neugierig und offen und haben eine gewisse Abenteuerlust, die im Laufe der Zeit immer stärker geworden ist.

Und während Sie sich dem Baum nähern, erkennen Sie, dass Ihnen der ältere Mensch, der dort sitzt, bekannt vorkommt. Und als Sie der Gestalt noch näher kommen, wird Ihnen klar, dass Sie selbst dort sitzen, wesentlich älter, als Sie im Augenblick sind, vielleicht siebzig, achtzig, neunzig oder sogar hundert Jahre alt.

Nachdem Ihnen dies klar geworden ist, gehen Sie zu der Person, beugen sich zu ihr hinab, und Ihr älteres Selbst erhebt sich und kommt Ihnen entgegen, und Sie geben einander die Hand und umarmen sich. Dies ist ein magischer Augenblick, ein wunderbares Gefühl der Nähe. Sie halten einander in einer Umarmung, von

Liebe und Zuwendung und Mitgefühl erfüllt – so ist es gut, von Verstehen und Akzeptieren erfüllt.

Nun kann ein Gespräch entstehen. Was immer Sie sich selbst im vorgerückten Alter sagen wollen, welche Fragen Sie sich auch stellen wollen, tun Sie es. Natürlich sind Sie als älterer Mensch mitfühlend, freundlich und offen, und Sie können zuhören.

Und was immer Sie als älterer Mensch Ihrem gegenwärtigen Selbst mitteilen wollen – welchen Rat Sie sich auch geben und wie Sie sich ermutigen wollen, über welche wichtige Veränderung Sie sich äußern wollen, über welche Probleme, mit denen Sie konfrontiert sind –, Sie sind offen und hören zu. So ist es gut. Während des Gesprächs sind Sie beide angenehm überrascht über die Offenheit und Empfänglichkeit des Gegenübers.

Erst wenn Sie mit diesem Zwiegespräch zufrieden sind – egal, wann das ist –, wenn Sie zufrieden sind und ein paar neue Ideen entdeckt haben, verabschieden Sie sich und treten die Reise zurück zum Ausgangspunkt an. Sie sehen die Dinge nun mit anderen Augen, klarer, und sind offener für neue Einsichten. So ist es gut. Sie registrieren nun genau, auf was und wen Sie ihre Aufmerksamkeit richten, und Sie haben das Gefühl, sich ein wunderbares Geschenk gemacht zu haben, das Sie in die Zukunft bringen können.

Sie können Ihr Leben nun immer besser genießen – ziemlich unbelastet von den emotionalen oder körperlichen Problemen, in denen Sie so lange gefangen waren. Alles beginnt mit Ihrem Verhältnis zu sich selbst und damit, wie Sie mit sich selbst umgehen. Seien Sie sich selbst gegenüber respektvoll, fürsorglich, mitfühlend und verständnisvoll, und beherzigen Sie, wozu Sie sich verpflichtet haben. Lernen Sie, für sich selbst ebenso zu sorgen, wie Sie für jemand anderen sorgen würden, den Sie wirklich lieben und respektieren, etwa für einen engen Freund. Wenn Sie sich auf diese Weise selbst nähren, wachsen Sie in die Zukunft hinein, die Sie sich erträumt haben.

Wenn Sie eine Sache gut gemacht haben

Wir werden nun unseren Fokus verengen und einen bestimmten Zeitrahmen – die jüngste Vergangenheit und die nahe Zukunft – erforschen, der Ihrem gegenwärtigen Leben näher liegt.

Eine riesige Hürde bei allen Bemühungen, persönliche Probleme zu bewältigen, ist für die meisten Menschen, wie sie mit ihren Gedanken an frühere Misserfolge fertig werden können. Wir suchen Antworten und streben Veränderungen an, lassen aber nur zu oft unser Selbstvertrauen durch die Erinnerung an Misserfolge unterminieren und unsere Bemühungen sabotieren. Es scheint fast, als hätten negative Erlebnisse und Emotionen eine zuverlässigere emotionale Macht als positive Erlebnisse und Emotionen. Misserfolge und Enttäuschungen beeinflussen uns offenbar stärker als Erfolg und Zufriedenheit.

Um bei der Bewältigung persönlicher Probleme die bestmöglichen Fortschritte zu erzielen, müssen wir also lernen, auf unseren früheren Erfolgen aufzubauen. Die folgende Übung hilft Ihnen, frühere Erfolge zu nutzen, um Ihr aktuelles Problem in den Griff zu bekommen.

Richten Sie Ihre Aufmerksamkeit nun wieder auf die Atmung, und wenn es Ihnen außerdem gelingt, die Wendepunkte zwischen Ein- und Ausatmen zu erkennen, so hilft Ihnen dies zusätzlich, sich zu entspannen. Manchmal ist es nützlich, sich zu fragen: »Wie entspannt kann ich mich im Moment fühlen?« Wiederholen sie diese Frage innerlich zehn oder zwanzig Mal, bis Sie wirklich eine Veränderung und ein »Ja!« spüren. Wie entspannt können Sie sich im Moment fühlen? Nehmen Sie sich die Zeit, die Sie brauchen, um sich so tief wie möglich zu entspannen.

Ich möchte, dass Sie Ihre Aufmerksamkeit – vielleicht mithilfe des dritten Auges – auf etwas richten, das Sie in Ihrem Leben wirklich gut gemacht haben. Vielleicht sind Sie immer ein guter Freund gewesen, vielleicht ein guter Vater oder eine gute Mutter, vielleicht spielen Sie gut Tennis, oder Sie können gut mit anderen Menschen arbeiten, kommen gut mit Computern zurecht, oder Ihre Stärken sind Gartenarbeit, Kochen oder Offenheit für neue Ideen – was immer Sie in Ihrem bisherigen Leben gut gemacht haben. Es spielt eigentlich keine Rolle, ob es etwas eher Spielerisches als Wichtiges oder etwas eher Ernstes als etwas, das Freude macht, ist. Es geht nur darum, dass Sie auf eine einzige Sache fokussieren, die Sie in Ihrem bisherigen Leben gut gemacht haben. Denn wenn Sie eine Sache gut gemacht haben, können Sie auch das, was Sie jetzt vorhaben, gut machen.

Ganz gleich, woran Sie in diesem Moment denken, ganz gleich, welches Bild Sie im Geiste vor sich sehen, und unabhängig davon, was Sie in Ihrem Körper spüren: Fokussieren Sie auf diese eine Sache, die Sie gut gemacht haben, und vergegenwärtigen Sie sich so genau wie möglich alle Einzelheiten dessen, wie Sie diese Tätigkeit erlernt haben.

Natürlich mussten Sie irgendwann einmal als Amateur mit der Sache beginnen – Sie mussten einmal damit anfangen. Aber wie sind Sie von dem Punkt, an dem Sie fast nichts darüber wussten, zu dem Punkt gekommen, diese Sache gut zu machen? Wie ist es dazu gekommen? Was mussten Sie tun, um gut darin zu werden? Welche Schritte haben Sie dorthin geführt? Sind Sie einem Rezept gefolgt? Haben Sie ein Buch darüber gelesen? Haben Sie mit einem Coach zusammengearbeitet? Haben Sie selbst etwas über den Vorgang geschrieben? Haben Sie mit anderen Menschen darüber gesprochen? Wie viel Zeit und Energie haben Sie auf die Arbeit, die Sie zum Ziel geführt hat, verwendet? Wie lange haben Sie dafür gebraucht? Haben Sie auf dem Weg irgendwelche Durchbrüche erlebt? Wie genau haben Sie gelernt, diese eine Sache wirklich gut zu machen?

Vergegenwärtigen Sie sich Details, die Sie vergessen hatten oder an die Sie lange nicht gedacht haben. Versetzen Sie sich in die entscheidende Situation; erleben Sie sich im betreffenden Alter; leben Sie in dem Haus, in dem Sie damals wohnten; sehen Sie sich bei Ihrer damaligen Arbeit, und erinnern Sie sich daran, wie Sie von dem Zustand, in dem Sie nur wenig oder nichts über die Sache wussten, dahin gelangt sind, sie sehr gut zu beherrschen – und erleben Sie diesen Prozess noch einmal. Benutzen Sie alle Ihre Sinne. Sehen Sie, was geschehen ist. Spüren Sie es. Hören Sie die Gespräche, die damals stattfanden. Riechen Sie den Ort. Erinnern Sie sich daran, was Sie dazu gebracht hat, diese neue Sache zu erlernen und wirklich kompetent, wirklich gut darin zu werden. Vielleicht stoßen Sie auf einiges, was Sie überrascht. Aber das weiß ich nicht. Nehmen Sie sich die Zeit, um sich an die einzelnen Schritte oder Stufen auf jenem Weg zu erinnern. So ist es gut. Vergegenwärtigen Sie sich, wie Sie es geschafft haben. Sehen Sie, was geschehen musste. Sehen Sie, was Sie tun mussten.

Okay, wenn Sie genug Informationen, genug Einzelheiten gesammelt haben und spüren, was geschehen ist – wenn Sie nicht mehr nur darüber nachdenken, sondern es auch spüren –, dann wenden Sie diesen Prozess, dieses Rezept auf Ihr augenblickliches Problem an, auf Ihre Selbstfürsorge und auf die positive Transformation. Was müssen Sie tun? Welche Schritte führen zu Ihrem Ziel? Welcher Prozess liegt vor Ihnen? Was Sie dazu brauchen, haben Sie schon in sich. Sie nutzen es seit Langem, und nun wenden Sie das, wovon Sie schon wissen, dass es bei Ihnen seinen Zweck erfüllt, auf Ihr aktuelles Ziel an, auf Ihre momentan oberste Priorität. Müssen Sie dazu mehr lesen? Müssen Sie mehr üben? Müssen Sie etwas Bestimmtes jeden Tag tun? Müssen Sie mit anderen Menschen darüber reden? Was auch immer bewirkt hat, dass Sie in einer bestimmten Hinsicht erfolgreich waren, Sie müssen es jetzt für die Arbeit an Ihrem momentanen Problem nutzen.

Genießen Sie diesen Prozess. Genießen Sie die Reise, die vor Ihnen liegt.

Wenn Sie eine Sache gut gemacht haben, werden Sie auch diese Sache gut machen können. Nehmen Sie sich nun noch ein wenig Zeit, um sich darauf zu konzentrieren, was Sie damals tun mussten, um Erfolg zu haben – welchem Rezept Sie gefolgt sind, welche Schritte Sie vollzogen haben, wie Sie vorgegangen sind –, und wenden Sie all dies darauf an, was Ihnen im Augenblick wirklich wichtig ist, woran Sie im Moment arbeiten. Bleiben Sie am Ball. Gehen Sie spielerisch damit um. Entwickeln Sie den erforderlichen Ernst. Und haben Sie Freude daran. Bleiben Sie auf Ihr Ziel fokussiert. Machen Sie sich immer wieder klar, worum es hier geht. So ist es gut. Wenn Sie eine Sache gut gemacht haben, können Sie auch das, worum es Ihnen im Moment geht, gut machen.

Sie haben viele neue Türen geöffnet, viele neue Ressourcen entwickelt, in sich selbst neue Antworten gefunden. Nehmen Sie sich noch einmal ein wenig Zeit, bevor Sie dies zum Abschluss bringen. Sie wissen bereits, dass oft unmittelbar vor dem Abschluss von Dingen etwas sehr Wichtiges passiert. Oft hören Sie dann tief innen eine Stimme, die Ihnen etwas sagt, woran Sie immer wieder denken werden.

Wenn Sie sich bezüglich der Sache, die Sie soeben getan haben, wirklich gut fühlen, können Sie diese Arbeit nun zum Abschluss bringen. Und wahrscheinlich haben Sie schon erraten, dass Sie zu diesem Zweck zum Atmen zurückkehren sollen. Richten Sie die Aufmerksamkeit wieder auf das Steigen und Fallen jedes Atemzugs. So ist es gut. Akzeptieren Sie Ihre Atmung so, wie sie ist, und halten Sie an den Wendepunkten inne. So ist es gut. Beenden Sie die Übung auf diese Weise, denn Ihr Atem ist immer die Brücke, die Sie direkt in die letzte Reihe und zu Ihrem wahren, authentischen Selbst führt.

Jeder Mensch hat Probleme und erlebt Misserfolge; doch niemand ist mit lähmender Selbstkritik, negativen Prägungen, selbstzerstörerischen Gewohnheiten, Selbstzweifeln und Selbsteinschränkungen geboren. Jemand hat Ihnen diese Dinge mitgegeben; man hat sie Ihnen in der Kindheit und Jugend beigebracht; und sie sind zu riesigen Stolpersteinen geworden, die Sie daran hindern, Ihr Potenzial auszuschöpfen und sich weiterzuentwickeln. Durch die Suche nach Ihrer inneren Stimme können Sie diese Stolpersteine entfernen – und auf den Weg zu Gesundheit und Glück zurückkehren.

Hoffnungen und Träume

Nun sollen Sie erneut die Richtung wechseln und sich ein wenig Zeit nehmen, um Ihre nähere Zukunft zu erforschen. Denn Entschlüsse beziehen sich in der Regel auf die Zukunft. (Darum geht es bei den wohlbekannten Neujahrsvorsätzen.) Natürlich müssen Sie auch Faktoren berücksichtigen, die in der Vergangenheit liegen. Aber wenn Sie sich vornehmen, auf bestimmte Ziele – Intentionen, Hoffnungen, Träume, Ihre Vorstellung davon, wie Sie gern sein *wollen* – hinzuarbeiten, müssen Sie natürlich auch die Zukunft im Blick behalten.

Jetzt ist genau der richtige Zeitpunkt, um sich das Tagebuch vorzunehmen und zu beschreiben, was Sie sich von Ihrem Leben versprechen. Wie stellen Sie sich den weiteren Verlauf vor? Welche Veränderungen möchten Sie erleben? Schreiben Sie alles auf, was Ihnen in den Sinn kommt – über Ihre Begierden, Intentionen, Leidenschaften und Selbstverpflichtungen. Drücken Sie sich möglichst konkret aus. Entwickeln Sie Pläne, die umsetzbar sind, und stellen Sie sich vor, wie es für Sie sein wird, wenn Sie diese Ziele erreicht haben. Ganz wichtig ist, dass Ihnen die Dinge, die Sie anstreben, Freude machen. Wie wollen Sie aussehen und sich fühlen – körperlich, psychisch, emotional und spirituell? Wie wird es für Sie sein, Ihr Problem wirklich in den Griff zu bekommen, den inneren Richter zum Schweigen zu bringen, sich selbst und Ihr Leben aus der letzten Reihe zu betrachten?

Fokussieren Sie mit offenem Geist und Herz und totaler Entschlossenheit darauf, Ihr Potenzial zu entwickeln. Machen Sie Ihre Notizen abwechselnd mit der dominanten und der nichtdominanten Hand – wobei die dominante Hand sich Ihrer Gedanken und Ideen und die nichtdominante sich Ihrer Gefühle und Fantasien annimmt. Notieren Sie, wie Sie auf eine neue Art für sich selbst sorgen wollen. Schreiben Sie etwas über die Dinge, durch die Sie Ihr Leben bereichern wollen, über alle neuartigen Aktivitäten, Gefühle, Verhaltensweisen, Chancen und Perspektiven.

Beginnen Sie, indem Sie sich darauf konzentrieren, was Sie in den nächsten 24 Stunden erreichen wollen. Vielleicht wollen Sie sich einfach nur entspannt und selbstsicher fühlen. Vielleicht hat das Ziel, das Sie in dieser Zeitspanne verfolgen, etwas mit Ihrem Problem zu tun. Nehmen Sie sich ein paar Minuten Zeit, um sich zu vergegenwärtigen, was Sie in den nächsten 24 Stunden empfinden wollen, und schreiben Sie dies dann auf. Vielleicht beschäftigt Sie, wie Sie mit einer bestimmten Situation, einer bestimmten anderen Person oder mit sich selbst umgehen wollen. Sie schauen sich also den Film Ihres Lebens in der Form an, wie Sie sich seinen Verlauf wünschen. Sie entwickeln ein Gefühl dafür, was in Ihrem Film geschieht, hören sich die Dialoge an und verfolgen von der letzten Reihe aus, wie Sie sich die Entwicklung der Dinge in den nächsten 24 Stunden vorstellen. So ist es gut. Sie lernen, Ihr Leben mit neuen Augen zu sehen und auf die bestmögliche Art für sich selbst zu sorgen.

Während der Arbeit an dieser Übung können Sie in Ihrem Tagebuch notieren, welches Ziel Sie in einem Monat erreicht haben wollen, welches in drei Monaten, in sechs Monaten, in einem Jahr und schließlich in fünf Jahren. Wie wäre es in zehn Jahren? Was soll dann geschehen sein? Sie sind dabei, Pläne zu schmieden, die Ihnen helfen sollen, Ihr Leben freier und glücklicher zu gestalten. Sie beschreiben, wie Sie mit Problemen umgehen wollen. Sie beschreiben, wie Sie es schaffen wollen, in schwierigen Situationen ruhig zu bleiben. Sie beschreiben, wie Sie sich nachts völlig ausruhen wollen. Sie beschreiben, was für ein wunderbares Gefühl es ist, eine Transformation zu erreichen, die von Ihrem innersten Zentrum ausgeht. Sie können über Ihre wiederentdeckte Liebe zum Leben berichten, über Flexibilität und die Bereitschaft, Dinge zu erforschen. Sie können auch beschreiben, wie Sie sich zügeln, akzeptieren und lieben, und Sie können sich über Gesundheit, Freude und Freiheit äußern.

Sie berichten in Ihrem Tagebuch darüber, wie Sie sich von alten unerwünschten Gewohnheiten befreien können, Sie dokumentieren darin neue Selbstverpflichtungen, die Sie eingehen, wie Sie ein sinnvolleres Leben führen wollen, Sie schreiben über Ihre Fähigkeit, Dinge mit anderen Augen zu sehen, und über die ständige Weiterentwicklung Ihrer Natur. Sie schreiben über proaktives anstelle von reaktivem Handeln. Sie beschreiben, wie es ist, jeden Tag in seiner ganzen Fülle zu leben und sich jeden Tag ein bisschen Zeit zum Atmen und Entspannen zu nehmen. Sie schreiben darüber, wie Sie Ihre neuen Empfindungen in Ihr Leben integrieren können, über Ihren Respekt vor sich selbst und darüber, dass Sie sich selbst akzeptieren.

Vielleicht dichten und zeichnen Sie auch. Oder Sie reflektieren über Veränderungen, die Sie am Skript für den Film Ihres Lebens vornehmen wollen. Beginnen Sie, das Skript so umzuschreiben, wie Sie sich die Dinge wünschen. Verändern Sie den Plot; verändern Sie den Dialog. »Ich möchte von diesem Moment an …« So ist es gut. Wie sollen sich die Dinge nach Ihren Vorstellungen von diesem Punkt an entwickeln?

Wenn Sie gegenüber neuen Ideen und Möglichkeiten offen sind und bereit sind, Ihre Intentionen – nämlich gesund und glücklich zu sein, für sich selbst zu sorgen, freundschaftlich mit sich selbst umzugehen und sich sogar selbst zu lieben – in die Tat umzusetzen, können Sie zum Gestalter Ihrer eigenen Zukunft werden.

Beide Hände am Lenkrad

Wir sollten nie vergessen, dass die Suche nach der eigenen inneren Stimme in erster Linie auf die Gegenwart zielt – darauf, im Leben glücklicher und gesünder zu werden, als wir es im Augenblick sind. Vergangenheit und Zukunft zu erforschen ist zweifellos wertvoll: Es ist gut, aus der Vergangenheit zu lernen und Ziele in der Zukunft anzustreben. Darüber hinaus zentriert Sie das Erforschen von Vergangenheit und Zukunft in der *Gegenwart*: Es versetzt Sie an einen Ort, an dem Sie sich augenblicklich entspannt, im Gleichgewicht und im Frieden fühlen – einen Ort, an dem Sie die spontane Stimme Ihrer inneren Weisheit hören.

Im Folgenden wird eine einfache Möglichkeit beschrieben, sich daran zu erinnern, dass es im Grunde darum geht, so intensiv wie möglich hier und jetzt zu leben – im gegenwärtigen Augenblick.

Wenn Sie Auto fahren, sitzen Sie hinter dem Lenkrad, schauen in Fahrtrichtung und überprüfen ab und zu im Rückspiegel, was bereits hinter Ihnen liegt. Wie im Alltagsleben liegt also auch beim Autofahren die Zukunft vor Ihnen und die Vergangenheit hinter Ihnen, und in der Gegenwart sind Sie hier und jetzt mit beiden Händen am Lenkrad.

Doch wenn Sie im Leben ständig auf das fokussiert sind, was zwei oder drei Kilometer vor Ihnen liegt, was nächste Woche, im nächsten Monat oder in noch fernerer Zukunft geschieht, verlieren Sie aus dem Blick, wo Sie gerade sind, und machen viele Fehler. Und wenn Sie ständig an die Vergangenheit denken und in den Rückspiegel schauen, sehen Sie nicht, was unmittelbar vor Ihnen liegt, und deshalb stoßen Sie ständig mit diesen Dingen zusammen. So ist es beim Autofahren und im ganzen Leben. Die Zukunft liegt also immer vor Ihnen, die Vergangenheit immer hinter Ihnen, und Sie sind immer in der Gegenwart, mit beiden Händen am Lenkrad.

Daran können Sie sich jedes Mal, wenn Sie Auto fahren, erinnern. Und wenn Sie im Alltag wegen Dingen genervt sind, die in der Zukunft oder Vergangenheit liegen, können Sie sich klar machen, dass es durchaus sinnvoll ist, sich um das zu sorgen, was vor Ihnen liegt, sofern Sie nicht vergessen, dass das, worüber Sie besorgt sind, zwei oder drei Kilometer in der Zukunft liegt. Ebenso ist es sinnvoll, hin und wieder in den Rückspiegel zu schauen – jedoch nicht, ihn ständig im Blick zu behalten.

Sie sind also hier in der Gegenwart, haben die Zukunft vor sich und die Vergangenheit hinter sich. Und Sie wissen: Je mehr Sie Ihr Leben so akzeptieren, wie es im Moment ist, und je mehr Sie im gegenwärtigen Augenblick leben – selbst wenn Sie in diesem Augenblick ein Problem haben –, umso glücklicher fühlen Sie sich, umso freier fühlen Sie sich und umso leichter können Sie in die letzte Reihe wechseln und zu Ihrer wahren, authentischen Stimme in Kontakt treten.

Übrigens lernt Phil Connors auch genau das in dem Film *Und täglich grüßt das Murmeltier*. Als er zu akzeptieren beginnt, dass es kein Gestern und kein Morgen gibt, sondern nur *heute*, entdeckt er, was im Leben wirklich wichtig ist: mit einem Herzen voller Liebe zu leben und sich selbst und andere mitfühlend und großzügig zu behandeln. Nachdem er diese Lektion gelernt hat, bewegt sich die Zeit eines Nachts wieder weiter, und er erwacht an einem neuen Tag.

Auf Erfahrung zurückgreifen

Zu den besten Möglichkeiten, die Randbereiche Ihres Erlebens zu untersuchen, zählen künstlerische Techniken. Beispielsweise ist jede Form von Zeichnen, Malen, Skizzieren und sogar Kritzeln ein direkter Kanal zu Ihrem spontanen, kreativen, intuitiven Geist. Zeichnen befreit Sie aus Ihrer vorprogrammierten Sichtweise und ermöglicht Ihnen, mit neuen Augen zu sehen. Und dies erleichtert es Ihnen, mit dem größeren »Bild« von Ihnen selbst und Ihrem aktuellen Problem in Berührung zu kommen. Sie werden für einen Augenblick von Ihren vertrauten inneren Stimmen befreit, und es ist, als würden Sie sich in einer neuen nonverbalen Sprache ausdrücken und als seien Ihnen plötzlich neue Gedanken und Gefühle – sowie neue Lösungen – zugänglich. Indem Sie sich die Erlaubnis geben, etwas zu zeichnen oder zu malen, finden Sie eine neue Stimme der Weisheit und der Heilung.

Dies kann erstaunliche Auswirkungen haben.

Sarah beispielsweise war sieben Jahre alt, als ihr Vater starb. Sie war von Traurigkeit und Trauer überwältigt und litt außerdem plötzlich unter Asthma und Kopfschmerzen. Ihre Mutter kam mit ihr zu mir, und ich brachte ihr zunächst einige Atem- und Entspannungstechniken bei, die ihr sehr halfen.

Der entscheidende Durchbruch trat ein, als ich sie aufforderte, ein paar Bilder zu zeichnen, auf denen zum Ausdruck kam, welche Gefühle und Empfindungen der Tod Ihres Vaters bei ihr ausgelöst hatte. Ein besonders eindrucksvolles Bild zeigte sie auf dem Gipfel eines Berges und in der Nähe den Vater in einer Wolke, sodass sie mit ihm reden konnte. Die Möglichkeit, ihre Gefühle auf diese ihr völlig neue Weise auszudrücken, tröstete Sarah und half ihr, den Tod ihres Vaters zu akzeptieren. Ihre körperlichen Symptome (die im Grunde Signale waren) ließen daraufhin sofort nach und verschwanden kurz darauf völlig.

Etwas Schlimmes und etwas Schönes

Die folgende Übung führt Sie mithilfe des Zeichnens in die letzte Reihe. Außerdem demonstriert auch sie, wie der Blick auf die einander entgegengesetzten Randbereiche Ihres Erlebens Ihnen hilft, ein heilendes Zentrum zu finden.

Lassen Sie sich vom Zeichnen oder Malen nicht abhalten, weil Sie glauben, Sie hätten kein Talent, oder weil Sie nicht an einer Kunstschule studiert haben. Sie brauchen weder eine besondere Begabung noch eine spezielle Ausbildung – Sie müssen nur bereit sein, etwas Neues auszuprobieren. Sarahs Fall zeigt, dass sogar ein Kind dazu in der Lage ist.

Kaufen Sie sich einen Block Zeichenpapier und eine Schachtel Kreidefarben, Farbstifte oder farbige Marker. Noch besser eignen sich Fingerfarben, wie Sie im Kindergarten benutzt werden. (Diese helfen Ihnen nämlich, wieder zum Kind zu werden.) Suchen Sie anschließend einen Ort auf, wo Sie nicht gestört werden, und zeichnen oder malen Sie dort.

Atmen Sie tief, und wenn Sie sich bereit fühlen, dann erinnern Sie sich an eine schreckliche Situation, in der Ihr Problem Sie ziemlich fertig gemacht hat. Vergegenwärtigen Sie sich möglichst lebhaft und detailgenau, wie elend Sie sich in Ihrem Schmerz, Ihrer Begierde, Angst, Wut usw. gefühlt haben.

Malen oder zeichnen Sie die Szene dann. Falls Sie zögern oder sich blockiert fühlen, lassen Sie einfach zu, dass sich Ihre Hände bewegen, und schauen Sie sich an, was sie tun. Lassen Sie Ihr Unbewusstes Formen und Gestalten erfinden, welche die Besonderheiten der Situation, die Szenerie und die Dimensionen dieses schrecklichen Erlebnisses darstellen. Benutzen Sie Farben, die nach Ihrem Empfinden die negativen Gefühle, die Sie damals hatten, am besten ausdrücken. Seien Sie bei der Wahl der Farben wagemutig – niemand außer Ihnen wird sie sehen.

Wenn Sie mit dem Malen oder Zeichnen fertig sind, dann schauen Sie sich Ihr Bild an. Reden Sie mit ihm. Brüllen Sie es an. Weinen Sie. Lassen Sie los … lassen Sie los … lassen Sie los. Sobald Sie Ihre Verletztheit und Ihren Kummer vollständig ausgedrückt haben, atmen Sie mehrmals tief durch und reinigen sich so.

Stellen Sie sich anschließend eine fantastische Szene aus Ihrem Leben vor, eine Situation, in der Sie sich frei von Schmerz, Begierden, Angst, Wut usw. gefühlt haben. Erinnern Sie sich so genau wie möglich daran, wie wunderbar Sie sich fühlten, weil Sie eine Weile ohne Ihr Problem leben konnten.

Zeichnen oder malen Sie dann auf einem frischen Blatt Papier diese Erinnerung an die Situation, in der Sie sich glücklich gefühlt haben. Lassen Sie auch diesmal Ihrer Hand die Freiheit, Formen und Gestalten zu erfinden, welche die Eigenarten, Szenerie und Dimensionen dieses wunderbaren Erlebnisses veranschaulichen. Benutzen Sie Farben, die Ihre positiven Empfindungen in jener Situation am besten ausdrücken. Die Farben sollen Ausdruck Ihrer Freude und Ihrer guten Laune in der Situation sein.

Wenn Sie mit dem Zeichnen oder Malen fertig sind, dann schauen Sie sich Ihr Bild an. Reden Sie mit ihm. Singen Sie ihm etwas vor. Lachen Sie mit ihm. Tanzen Sie um das Bild herum. Und lösen Sie sich davon … lassen Sie los … lösen Sie sich. Zum Abschluss atmen Sie ein paar Mal tief durch und horchen, was Ihre innere Stimme über Ihr Problem zu sagen hat.

Gesang und Tanz

Auch Singen und Tanzen sind Formen von künstlerischer Tätigkeit, die Sie blitzschnell in die letzte Reihe befördern können. (Für das Lachen, mit dem ich mich später beschäftigen werde, gilt das ebenfalls.) Musik erzeugt einen wundervollen Zustand der Harmonie zwischen Körper, Geist, Herz und Seele, der Sie von eingefleischten Gewohnheiten befreit und Sie – fast wie eine Meditation oder ein Gebet – in einen Zustand der Entspannung, der inneren Balance und der Transzendenz versetzt.

Falls Sie ein Instrument spielen können – und sei es auch nur, dass Sie ein wenig Gitarre oder Klavier spielen – sollten Sie sich jeden Tag ein wenig Zeit nehmen, um die Musik zu spielen, die Sie lieben. Sie können sich aber auch Musik im Radio oder eine CD Ihrer Sammlung oder Ihre Lieblings-Downloads auf dem MP3-Player anhören. Scheuen Sie sich auch nicht mitzusingen. Im Auto Musik zu hören und mitzusingen oder beim Duschen laut zu singen sind wunderbare Möglichkeiten, zur eigenen inneren Stimme in Kontakt zu treten.

Noch besser ist es, ein Musikstück mit einem starken Rhythmus lauter als normalerweise abzuspielen und danach zu tanzen. Ob Sie langsam oder schnell tanzen, spielt keine Rolle. Ob Sie Standardtanzschritte beherrschen oder frei tanzen, ist auch egal. Es geht nur darum, dass Sie Ihr Unbewusstes alles, was es zu sagen hat, durch Ihren Körper zum Ausdruck bringen lassen.

Rock 'n' Roll

Ich werde Ihnen nun eine wahre Geschichte darüber erzählen, wie eine meiner Klientinnen in der Musik und im Tanzen eine neue kreative Lösung für den Umgang mit einem großen Problem fand, die ihr Leben entscheidend veränderte.

Julia, 35 Jahre alt, hasste es, sich im Spiegel zu sehen. Sie wusste, dass sie massiv abnehmen musste, doch jahrelange Bemühungen, dieses Problem durch Diät in den Griff zu bekommen, hatten zu nichts geführt. Julia war Kellnerin, und weil sie den ganzen Tag lang Gäste bedienen musste, war sie nicht nur ständig in der Nähe von Essbarem, sondern diese Tätigkeit raubte ihr auch die Energie und Motivation, sich abends noch zu einem Körpertraining aufzuraffen.

Eines Tages hörte Julia, wie zwei Damen im Restaurant einen gemeinen und gehässigen Witz über ihre Leibesfülle machten. Das brachte das Fass für sie zum Überlaufen. Sie fand, dass es an der Zeit war, etwas Neues auszuprobieren, um endlich ernsthaft abzunehmen.

Julia wandte sich an mich, und im Laufe unserer Arbeit wurde ihr klar, wie tief die vermeintlich »witzige« Bemerkung der beiden Frauen sie verletzt hatte und wie stark ihr Groll auf sie und auch ganz generell auf schlanke Menschen, auf ihren Exmann und sogar auf ihre Eltern war, denn diese hatten sich scheiden lassen, als Julia zehn Jahre alt gewesen war. Sie hatte diese Gefühle viele Jahre lang unterdrückt, weil sie verhindern wollte, dass ihre eigenen Kinder das Chaos und die Zurückweisungen durchmachen müssten, die sie selbst als Kind erlebt hatte.

Doch nun machte sie es sich zur Gewohnheit, jeden Abend über ihre Verletztheit, ihre Wut und ihren Groll Tagebuch zu führen. Außerdem notierte sie sich in allen Einzelheiten, was sie jeweils gegessen hatte, und in was für einer Stimmung sie sich befand. Dadurch wurde ihr klar, dass sie mehr aß, wenn sie sich einsam fühlte oder sich langweilte. Und sie fühlte sich ziemlich oft einsam und gelangweilt!

Als Julia lernte, diese Gefühle zu erkennen, zu akzeptieren und auszudrücken, erwachte ihre Liebe zum Leben allmählich wieder. Als sie sich eines Abends ein paar CDs mit Rock 'n' Roll aus den Fünfzigerjahren anhörte, kam ihr eine Idee (ich würde in solch einem Fall sagen, dass sie ihre innere Stimme hörte): Sie fing an, in ihrem Wohnzimmer zu der Musik zu tanzen. Zu ihrer Verblüffung stellte sich augenblicklich jenes natürliche Rhythmusgefühl wieder ein, das sie als Mädchen gehabt hatte. Schon bald tanzte sie jeden Abend, begeistert darüber, dass sie eine Form des Körpertrainings entdeckt hatte, die ihr Spaß machte.

Diese Entdeckung hatte dramatische Folgen: Julia nahm innerhalb von neun Monaten dreißig Kilo ab. Als eine Arbeitskollegin sie nach dem Geheimnis ihres Erfolgs fragte, lieh Julia ihr einige CDs und versprach, ihr ein paar Tanzschritte beizubringen. Es dauerte nicht lange, bis alle Kellnerinnen zu tanzen anfingen. Sie beschlossen sogar, im Restaurant eine Tanzparty mit Musik der Fünfzigerjahre zu veranstalten. Dieser Abend war ein solcher Erfolg, dass die Frauen beschlossen, diese Party jedes Jahr zu wiederholen.

Julia fand viele neue Freunde und stellte fest, dass sie sich nun deutlich seltener gelangweilt oder einsam fühlte. Obwohl sie weiterhin den ganzen Tag über mit Essbarem konfrontiert war, wurde sie nicht mehr übergewichtig. Zwei Jahre später nahm sie drei Abende pro Woche an einem Tanzkurs teil, sie freute sich ihres Lebens und war nun mit ihrem Äußeren zufrieden.

Hören Sie sich Musik an, singen Sie und tanzen Sie ... Treten Sie zur Musik in Ihrer Seele in Kontakt, um die Tiefen ihrer inneren Weisheit zu erschließen, die Ihrem Leben eine neue, positive Orientierung geben kann.

Summen

Ein Lied im Herzen (oder im Kopfhörer) zu haben ist eine Sache, aber viele Menschen trauen sich nicht, laut zu singen, weil sie glauben, dies müsste gut klingen oder sie müssten den Ton halten können. Wenn Sie also nicht bereit sind, sich den Weg in die letzte Reihe zu ersingen, können Sie trotzdem eine wunderschöne und intimere Art des Musikmachens für sich nutzen, um dieses Ziel zu erreichen. Dazu müssen Sie folgendes tun:

> Atmen Sie tief ein ... und dann aus, und summen Sie, bis die gesamte Luft aus Ihrer Lunge geströmt ist. Ja genau. Summen! Sie können mit offenen oder geschlossenen Augen summen; allerdings ist die Wirkung bei geschlossenen Augen besser und tritt schneller ein.

Sie sollten in jedem Fall so laut summen, dass Sie die Lautstärke Ihrer Gedanken übertönen. Und summen Sie so lange, wie Sie unter der Dusche singen würden. Sie können verschiedene Tonhöhen und Lautstärken ausprobieren, bis Sie diejenige gefunden haben, die nach Ihrer Meinung am angenehmsten klingt – ein hoher, mittelhoher oder tiefer Ton, in jedem Fall einer, der sich für Sie richtig anfühlt und der direkt aus Ihrem Zentrum kommt. Wenn Sie ihn gefunden haben, spüren Sie Ihre eigene Vibration, als würden Sie bei der Meditation ein »Ohm« intonieren. Atmen Sie weiter tief ein, und summen Sie beim Ausatmen, bis die gesamte Atemluft aus der Lunge geströmt ist.

Fahren Sie damit etwa eine Minute oder zehn bis fünfzehn Atemzüge lang fort. Je länger Sie singen können, umso schneller beruhigt sich Ihr Geist, und Sie fühlen sich zentriert und entspannt und bewegen sich auf die letzte Reihe zu.

Bauchatmung

Doch wenn es Ihnen nicht liegt zu summen, brauchen Sie noch nicht einmal das zu tun. Ich habe in diesem Buch schon mehrmals darauf hingewiesen, dass das Atmen eine »Brücke« ist, die zur letzten Reihe führt. Nun möchte ich Ihnen eine wunderbare Atembrücke vorstellen – man könnte sie »Golden Gate« nennen –, die Sie dahin führt, wo Sie neue Sichtweisen und neuartige Lösungen finden.

Es geht um die besondere Art der »Bauchatmung«. Es handelt sich dabei um eine tiefe, langsame Atmung, die bis in den Bauchraum hinab reicht. Yogis lehren sie seit Langem, um Menschen zu helfen, zu innerer Ruhe und Gleichmut zu gelangen.

Versuchen Sie, einige Male in den Bauch zu atmen. Atmen Sie vier Zählzeiten lang durch die Nase ein, und lassen Sie dabei den Bauch anschwellen. Halten Sie den Atem dann vier Zählzeiten lang an. Und atmen Sie schließlich vier Zählzeiten lang durch den Mund aus. Stoßen Sie die gesamte Luft aus der Lunge. Blasen Sie die Luft kräftig durch den Mund hinaus, als würden Sie einen Luftballon aufblasen. Spüren und hören Sie beim Ausatmen das »Wuuusch« der Luft. Kümmern Sie sich nicht darum, wie Ihr Bauch aussieht oder welche Geräusche Sie beim Ausatmen erzeugen; es geht einzig und allein um Ihre Gesundheit. Halten Sie am Wendepunkt zwischen Aus- und Einatmen ein paar Sekunden inne, und beginnen Sie dann wieder von vorn.

Die vier Zählzeiten sind nicht zwingend. Sie können beim Üben der Bauchatmung auch eine Zählzeit länger aushalten oder doppelt so lange ausatmen wie einatmen. Versuchen Sie herauszufinden, welcher Rhythmus für Sie der angenehmste ist. Falls Sie sich ein wenig benommen fühlen, können Sie die Übung für einen Moment unterbrechen und dann damit fortfahren. Sie brauchen auch nicht so tief zu atmen, dass Sie ein unangenehmes Gefühl im Brustkorb bekommen. Der ganze Vorgang sollte beruhigend und entspannend auf Sie wirken.

Vier oder fünf tiefe Atemzüge dieser Art lösen aus, was Dr. Herbert Benson »Entspannungsreaktion« genannt hat – sie führen zu einem automatischen Absinken der Herzfrequenz, einer verstärkten Durchblutung und einer Muskelentspannung. Experten für Entspannungstechniken wie Dr. Benson sind der Auffassung, wenn man täglich 40-mal auf diese Weise atme, lebe man gesünder, fühle sich stärker, verfüge über mehr Energie, sei vitaler und generell offener dem Leben gegenüber.

Außerdem verbringen Sie dann immer mehr Zeit in der »letzten Reihe« und hören Ihrer wahren, authentischen inneren Stimme zu.

Kauderwelsch

Ein weiteres Ausdrucksmittel, das Sie schnell in die letzte Reihe versetzt, ist jene universelle besondere Sprache, die Kauderwelsch genannt wird. Sie haben sie schon einmal gesprochen, aber vielleicht seit Ihrer Babyzeit nicht mehr. Damals, als Sie noch Windeln trugen und die äußere Sprache Ihrer Kultur – und Ihrer Konditionierung – noch nicht erlernt hatten, sprachen Sie Ihre eigene, persönliche innere Sprache. Diese bestand aus einer Folge sinnloser Laute, die Sie ohne jede Mühe hervorbrachten, einem Kauderwelsch, und diese Sprache beruhigte Sie, begeisterte Sie, half Ihnen, sich gut zu fühlen, ließ Sie kichern und beruhigte Ihren Geist.

Sprechen Sie dies laut aus: »Nika schopa wuu nuu«, oder: »Hai chi wa na«, oder: »Pi chika noo näii.« Das ist Kauderwelsch, und wenn es Ihnen Freude gemacht hat, diese Laute hervorzubringen, dann tun Sie es jetzt noch einmal. Es fühlt sich richtig an, weil es richtig ist.

Das mag ein bisschen albern klingen – und albern ist gut! –, aber es hat auch einen ernsten Aspekt. Indem Sie Kauderwelsch sprechen, lernen Sie, sich wieder von Ihrem authentischen Zentrum her auszudrücken – mit Ihrer wahren, intuitiven Stimme –, und dies hilft Ihnen, Ihren Geist zu reinigen, sich selbst aus dem Weg zu gehen, sich vom Stress zu lösen und vielleicht sogar ein wenig über sich selbst zu lachen.

Erfinden Sie Ihr eigenes Kauderwelsch, oder benutzen Sie die obigen Beispiele, aber versuchen Sie, etwa eine Minute lang laut Kauderwelsch zu sprechen (notfalls gemurmelt), wenn Sie sich gestresst fühlen oder völlig von einem Problem in Beschlag genommen sind. Schauen Sie, was dann passiert. Es ist so, wie wenn man Spinnenfäden entfernt. Wann haben Sie sich das letzte Mal so entspannt, kindlich, spielerisch und albern gefühlt?

Lachen ist die beste Medizin

Lachen ist einer der kürzesten und einfachsten Wege zur letzten Reihe, die ich kenne. Ein herzliches Lachen aus dem Bauch, aus dem tiefen Inneren, wirkt magisch. Wenn Sie aus vollem Herzen lachen, mit jeder Zelle Ihres Körpers, ist Ihr ganzes Sein mit Ihrer inneren Stimme verbunden, und Sie fühlen sich schließlich entspannt, friedlich, leicht, frei und behaglich. Sie sollten sich dieses tiefe Heilungserlebnis gönnen, wann immer es Ihnen möglich ist. Tatsächlich haben neuere Untersuchungen (2009) an der *School of Medicine* der *University of Maryland* ergeben, dass Lachen die Blut- und Sauerstoffzufuhr zu Herz und Gehirn verstärkt und dadurch vor Herzinfarkten schützt und die Auswirkungen von seelischem Stress neutralisiert – damit ist die alte Redensart, dass Lachen die beste Medizin sei, wissenschaftlich bestätigt.

Singen und Tanzen erfordern ein wenig Know-how und Übung, und es gibt Menschen, die sich dabei nicht wohlfühlen. Doch Lachen, Kichern und Lächeln sind spontane Aktivitäten, die keinerlei Mühe erfordern. Man braucht nichts zu lernen, um sie gut beherrschen zu können. Lachen ist ein natürlicher Ausdruck der Freude in Ihrem Herzen … der Freude in Ihrem Körper … und der Freude um der Freude willen.

Vielleicht ist der beste Ausgangspunkt ein Lächeln. Es braucht nicht einmal ein breites Lächeln zu sein; auch ein subtiles, nach innen gerichtetes Lächeln, das sich über Ihren ganzen Körper und in Ihrem ganzen Sein ausbreitet, reicht aus. Versuchen Sie, dieses innere Lächeln zu spüren, damit Sie wissen, was ich meine; es lässt sich nämlich nicht erklären. Einige nennen es »weißes Licht«, und sie sagen, es überwältige sie mit innerer Freude. Andere vergleichen es mit einer kleinen Rose, die sich sehr sanft, zart und zerbrechlich in ihrem Bauch öffne und deren Duft sich über ihren ganzen Körper ausbreite.

Es ist unmöglich, dies zu erklären, denn es tritt bei jedem Menschen anders in Erscheinung. Die Ausdrucksvarianten sind ungeheuer vielfältig. Eine Empfindung des Einsseins, der Ganzheit, der Einheit und der Schönheit ist damit verbunden.

Und es geht nur um ein Lächeln, nicht einmal um ein Lachen; nur um ein Lächeln aus Ihrem Körper, Ihrem Bauch, Ihrem Herzen, Ihrem Zentrum.

Wenn Sie dieses strahlende innere Lächeln einmal gespürt haben, können Sie es in sich aufrechterhalten und stundenlang glücklich sein. Und wenn Sie mit einem Problem konfrontiert werden, wenn Sie das Gefühl haben, dass Ihnen dieses Glücksgefühl fehlt, brauchen Sie nur die Augen zu schließen und nach Ihrem Lächeln zu tasten – es ist immer da – und hilft Ihnen, sich zu entspannen, in die letzte Reihe zu gelangen und sich bestmöglich um sich selbst zu kümmern.

Doch wenn Ihr Lächeln breiter wird und Sie in ein Lachen ausbrechen – ein totales Lachen, wie ein Lachen mit dem ganzen Körper, das Ihnen die Tränen in die Augen treibt – dann lassen Sie rasch los, akzeptieren, entspannen sich und treten auf natürliche Weise zu Ihrer wahren, authentischen Stimme in Kontakt. Das Lachen bringt Sie zum Verschwinden und lässt Sie mit Herz und Seele eins werden. Lachen bewirkt, dass Sie sich leicht fühlen. Es kommt direkt aus Ihrem Zentrum. Es zentriert Sie. Wenn Sie lachen, ist kein Ich da – der innere Kritiker aus der fünfzehnten Reihe verschwindet dann! Sie sitzen ohne jede Mühe in der letzten Reihe. Sie sind auf liebevolle Weise des Humors in Ihrem Leben gewahr, und alles scheint von selbst dahinzufließen.

Lachen lässt alles leicht und natürlich geschehen. Sie brauchen dazu kein Talent, Sie brauchen nichts zu üben und müssen auch sonst nichts tun. Lachen ist alles andere als komplex. Lachen ist das Einfachste, was es auf dieser Welt gibt.

Heute Abend wird eine Komödie gegeben

Die folgende Übung soll Ihnen helfen, sich zu erleichtern, wenn Sie durch Ihr Problem innerlich sehr aufgebracht sind.

Stellen Sie sich vor, Sie befinden sich in Ihrem inneren Kinosaal und schauen sich den Film Ihres Lebens an, und außerdem beobachten Sie Ihren humorlosen, grimmigen inneren Kritiker aus der fünfzehnten Reihe, der Ihren Lebensfilm ebenfalls verfolgt. Allerdings wird diesmal ein Film vorgeführt, den Sie noch nicht gesehen haben – Sie sind überrascht und amüsieren sich köstlich, als Sie merken, dass es sich um eine Komödie handelt.

Vielleicht ist es eine Slapstick-Komödie, in der alles auf die merkwürdigsten Arten schiefgeht. Belastende Situationen, familiäre Frustrationen, Probleme im Beruf, Ängste und dergleichen: Versuchen Sie, dies alles mit Humor zu sehen, mit einem Augenzwinkern. Lassen Sie zu, dass Sie lachen, herumalbern, vor der Kamera Grimassen ziehen, über Ihre eigenen Füße stolpern und schließlich fallen – lockern Sie sich, und tauchen Sie in Ihre eigene Unvollkommenheit ein.

Mir fällt noch etwas Besseres ein. Kennen Sie die Pannen-Shows aus dem Fernsehen oder die Outtakes, die man manchmal auf DVDs mit Komödien als Bonusmaterial findet? Ich meine Szenen, in denen die Schauspieler ihren Text vergessen haben oder um Worte ringen oder einander ständig unterbrechen. Oder während des Sketches lässt sich die Tür nicht öffnen oder der falsche Schnauzbart fällt ab. Und die Schauspieler fallen aus ihrer Rolle, sie schauen in die Kamera, und dann platzen sie mit einem Lachen heraus.

Stellen Sie sich Ihre eigene Pannen-Show aus dem Comic »mistakes« für Ihren Film vor. Lassen Sie zu, dass Sie über komische Aspekte Ihres Problems lachen. Seien Sie einfach offen, und erlauben Sie sich, Witze zu verstehen, Humorvolles zu erkennen und Spaß daran zu haben.

Von der letzten Reihe aus erkennen Sie so viel Komisches und sogar Absurdes in Dingen, die wir alle Tag für Tag tun – in so vielen Dingen, die wir normalerweise sehr ernst nehmen.

Das Ziel all unseren Forschens

In Schritt 3 haben Sie die äußeren Ränder Ihres Erlebens erforscht: Sie haben nach oben und nach unten geschaut, außen und innen gesehen, Kindheit und Alter akzeptiert, sinnvolle Dinge aufgeschrieben und unsinnige Dinge gesprochen, gezeichnet und getanzt, eingeatmet und ausgeatmet, weinend und lachend. Und was ist das Ziel all diesen Forschens? Sie gelangen in die letzte Reihe, wo Sie eine neue Sicht Ihrer selbst und Ihres Lebens erwartet, was bedeutet, dass Sie den umfassenderen Zusammenhang Ihres Problems sehen und – was am wichtigsten ist – Ihr wahres, authentisches Selbst kennenlernen, Ihre tiefe Intuition, Ihren fürsorglichen, mitfühlenden und liebenden Anteil, der Ihre weise, heilende Stimme über neue Lösungsmöglichkeiten sprechen lässt.

Der amerikanische Dichter T. S. Eliot, dessen Leben von emotionalen Problemen überschattet war, bringt diesen Prozess in vier tiefgründigen und berühmten Zeilen zum Ausdruck:

> Wir werden nicht nachlassen in unserem Kundschaften
> Und das Ende unseres Kundschaftens
> Wird es sein, am Ausgangspunkt anzukommen
> Und den Ort zum ersten Mal zu erkennen.
>
> T. S. Eliot

Squaw Peak

Wenn Milton Erickson über den Heilungsprozess sprach, erzählte er gerne folgende magische Geschichte über das Erwachsenwerden.

In Arizona gibt es einen Gipfel namens Squaw Peak. Am Fuß dieses ziemlich hohen Berges lebte vor einigen hundert Jahren ein Indianerstamm, und auf dem Gipfel des Berges lebte eine Familie von Klapperschlangen.

In dem Stamm, der am Fuß des Berges lebte, gab es einen Jungen, der gern erwachsen sein und von den Erwachsenen als ihresgleichen anerkannt werden wollte. Deshalb fragte dieser junge Indianer Tag für Tag, Woche für Woche, Monat für Monat: »Wann werde ich erwachsen? Wann werde ich ein Erwachsener sein?

Wann bin ich einer von euch?« Doch die Alltagsdinge nahmen natürlich ihren Lauf, immer weiter und weiter und weiter.

Oben auf dem Squaw Peak gab es eine junge Klapperschlange, die unbedingt als erwachsene Klapperschlange anerkannt werden wollte. Immer wieder fragte sie ihre erwachsenen Verwandten: »Wann werde ich endlich eine von euch? Wann werde ich erwachsen sein?« Natürlich nahm auch bei den Klapperschlangen der Alltag seinen Lauf, denn so geht es nun einmal im Leben.

Doch eines schicksalhaften Tages wandten sich die erwachsenen Indianer am Fuße des Squaw Peak an den jungen Indianer und sagten: »Heute ist der Tag, an dem du erwachsen werden wirst. Du brauchst nichts weiter zu tun, als auf den Gipfel des Squaw Peak zu steigen. Wenn du dort bist, schaust du dich um und suchst für uns einen Ort, wo wir leben können, einen Ort, wo es Sonne, Schatten und Wasser gibt.« Der junge Indianer war kaum zu halten, und er machte sich daran, auf den Squaw Peak hinaufzusteigen.

Am gleichen schicksalhaften Tag wandten sich die erwachsenen Klapperschlangen an die junge Klapperschlange und sagten zu ihr: »Heute ist der Tag gekommen, an dem du erwachsen wirst. Dazu brauchst du nichts weiter zu tun, als dich zum Fuße des Squaw Peak zu begeben, dich dort umzuschauen und für uns ein neues Heim zu suchen, einen Ort, wo es Sonne, Schatten und Wasser gibt.« Daraufhin machte sich auch die junge Klapperschlange sofort auf den Weg.

Ungefähr auf halber Strecke nach oben und auf halber Strecke nach unten begegneten sich der junge Indianer und die junge Klapperschlange, sie sahen einander an und umkreisten einander vorsichtig. Und beiden wurde klar, dass sie kämpfen könnten und dass dann einer von ihnen sterben und der andere leben würde oder dass sie beide sterben würden – wer weiß das schon? Sie standen da, starrten einander an, und die Zeit schien stillzustehen.

Nachdem auf diese Weise eine lange Zeit vergangen war, machte sich der junge Indianer auf den Weg zurück zum Fuße des Squaw Peak, viel langsamer, als er hinaufgestiegen war. Und die junge Klapperschlange fing an, zum Gipfel des Squaw Peak hinaufzugleiten, auch sie viel langsamer, als sie hinabgeglitten war.

Und als der junge Indianer schließlich wieder am Fuße des Squaw Peak angekommen war, berichtete er den erwachsenen Indianern mit trauriger, niedergeschlagener und unglücklicher

Stimme, was geschehen war. Und all die erwachsenen Indianer sagten zu ihm: »Willkommen, nun bist du einer von uns. Selbstachtung ist das Wichtigste überhaupt.«

Und als die junge Klapperschlange schließlich wieder auf dem Gipfel des Squaw Peak angekommen war, berichtete sie den erwachsenen Klapperschlangen, was geschehen war, und auch sie klang dabei traurig, niedergeschlagen und unglücklich. Doch die erwachsenen Klapperschlangen sagten alle gleichzeitig zu ihr: »Willkommen, du bist nun eine von uns. Selbstachtung ist das Wichtigste überhaupt.«

Worum geht es in dieser Geschichte? Das lässt sich kaum mit Gewissheit sagen, aber offensichtlich wird darin beschrieben, dass die Begegnung zweier Gegensätze im Zentrum das Leben verändern kann. Und in dieser schicksalhaften Begegnung scheint etwas Tiefgreifendes geschehen zu sein – eine zeitlose Stimme wird gehört – und dem jungen Indianer und der jungen Klapperschlange erschließt sich eine neue Möglichkeit, ihren Konflikt zu lösen. Und schließlich vermittelt die Geschichte, dass das Wichtigste für das Erwachsenwerden – dafür, dass man seinen Weg im Leben geht, sich weiterentwickelt und über Probleme hinwegkommt – darin besteht, dass man zu der intuitiven Einsicht gelangt, sich selbst zu akzeptieren und sich so, wie man ist, zu respektieren und zu achten.

Ganz gleich, mithilfe welcher Übung aus Schritt 3 Sie diesen Punkt erreichen: Wenn Sie in der letzten Reihe ankommen und einen Augenblick lang still zuhören, wird Ihre Stimme Ihnen im Wesentlichen Folgendes sagen: »Achte dich selbst, sorge für dich, und liebe dich, ohne irgendwelche Bedingungen, Einschränkungen und Voraussetzungen.« So einfach ist das. Sobald Sie sich wirklich so respektieren und lieben, wie Sie sind, bedingungslos, mit allen Ihren Stärken und Schwächen, werden Sie Ihre Probleme rasch lösen und sich im Leben weiterentwickeln.

Tun Sie dies, und alles, was Ihnen besonders wichtig ist – Ihre Beziehungen, was Sie erreicht haben, was Sie geleistet haben und alles, was Sie vom Leben und von anderen Menschen erhalten haben –, wird Ihnen mehr Freude machen, als Sie je für möglich gehalten hätten.

4 Stimm-Coaching

Es gibt den alten Witz über einen jungen Mann, der in New York City mit einem Geigenkasten unter dem Arm eine Straße entlang hastet. Er trifft auf einen älteren Herrn und fragt diesen aufgeregt: »Wie komme ich zur Carnegie Hall?« Der Ältere schaut den Jüngeren an und antwortet melancholisch: »Üben, üben, üben.«

Die Finde deine Stimme-Technik zu meistern erfordert gewisse Kenntnisse und vor allem viel Geduld, Engagement, Vertrauen ... und Übung. Doch für diese Mühen werden Sie reich belohnt – es kann Ihr Leben in ganz erstaunlichem Maße verändern.

Und jeder Mensch kann das schaffen.

Aber seien Sie ehrlich: Wenn Sie mit dem Üben beginnen, wenn Sie es zu einem festen Bestandteil Ihres Lebens machen, werden Sie wahrscheinlich die verschiedensten Fragen und Sorgen und eventuell auch Schwierigkeiten haben. Vielleicht sind Sie sich über bestimmte praktische Aspekte nicht im Klaren, etwa darüber, wann und wo Sie am besten an den drei Schritten arbeiten. Vielleicht fällt es Ihnen schwer, sich Ziele zu setzen oder wirklich anhaltend bei der Sache zu bleiben. Oder Sie haben Fragen, die sich auf den Prozess selbst beziehen – beispielsweise, was Sie tun können, wenn Sie einfach nicht in der Lage sind, Ihr Problem zu akzeptieren oder Ihren inneren Richter zu Wort kommen zu lassen oder sich auf dem direktesten Weg in die letzte Reihe zu bewegen.

All das ist normal, und irgendetwas Derartiges wird mit Sicherheit passieren – insbesondere, wenn Ihnen diese Arbeitsweise noch neu ist und Ihre Finde deine Stimme-Muskeln noch nicht besonders stark entwickelt sind. Mit Fragen und

Schwierigkeiten müssen Sie rechnen – sie gehören zum Film Ihres Lebens; sie sind ein völlig normaler Bestandteil dieses Entwicklungsprozesses.

Ich helfe meinen Klienten fast täglich, mit diesen (und anderen) Dingen fertig zu werden. Ich fungiere in solchen Fällen als eine Art Stimm-Coach und beantworte ihre Fragen darüber, wie Sie mit der Arbeit beginnen sollen und wie sie das Wesentliche im Fokus behalten können. Zu diesem Zweck erkläre ich ihnen eine Reihe von Techniken, die hilfreich sind, um über schwierige Zeiten hinwegzukommen und sich wieder ins Lot zu bringen, und ich erläutere ihnen Tipps und Tricks, die ihnen ermöglichen, möglichst effektiv zu arbeiten und entsprechend gut ihre Ziele zu erreichen.

Nun möchte ich das Gleiche für Sie tun.

Wir beginnen mit den Fragen zum praktischen Ablauf, die meine Klienten am häufigsten stellen.

Was soll ich als Erstes tun?

Als Erstes sollten Sie sich für Finde deine Stimme ein paar Minuten Zeit nehmen, um sich über das konkrete Ziel, das Sie anstreben, klar zu werden – und es in Ihrem Tagebuch festzuhalten. Wohin *genau* soll diese Arbeit Sie führen? Sich ein konkretes Ziel zu setzen und es möglichst genau zu beschreiben ist sehr wichtig. Wenn Sie auf ein vages oder unklares Ziel hinarbeiten, ist das etwa so, wie wenn Sie durch ein Fernglas mit getrübten Linsen in die Ferne schauen möchten. Je klarer und konkreter Ihr Ziel definiert ist, umso leichter erreichen Sie Veränderungen zum Positiven.

Wenn Sie also beispielsweise abnehmen wollen, dann versuchen Sie dies zu konkretisieren, indem Sie in allen Einzelheiten beschreiben, was es für Sie bedeuten würde, weniger zu essen: Sie dürften zwischen den Hauptmahlzeiten nichts mehr zu sich nehmen, sich beim Abendessen keine zweite Portion genehmigen und abends keine Süßigkeiten essen.

Und noch ein Tipp: Ihre Arbeit an der Suche Ihrer inneren Stimme wird effektiver, wenn Sie Ihr Endziel in mehrere kleinere, leichter erreichbare Ziele unterteilen. Insbesondere wenn Ihr Problem schon seit längerer Zeit besteht, können Sie mit größerer Sicherheit Fortschritte erzielen, wenn Sie einen Schritt nach dem anderen gehen, sodass ein kleiner Erfolg zum nächsten führt. Die wenigsten Menschen können einen Nagel mit einem einzigen gewaltigen Hammerschlag in ein Brett schlagen, aber wir alle können es durch mehrere leichtere aufeinanderfolgende Hammerschläge erreichen.

Auch wenn Sie sich das Ziel gesetzt haben, massiv abzunehmen (beispielsweise 25 Kilo oder mehr), unterteilen Sie dieses langfristige Ziel besser in kleinere Teilschritte, indem Sie sich vornehmen, beispielsweise innerhalb einer Woche anderthalb Kilo oder innerhalb von acht Wochen sieben Kilo abzunehmen. Diese Ziele sind realisierbar, und die Befriedigung, die kleine Erfolge Ihnen verschaffen, stärkt Ihre Entschlossenheit, auch Ihr übergeordnetes größeres Ziel zu erreichen.

Wie oft soll ich üben?

Tägliches Üben ist sehr wichtig, wenn Sie die Fertigkeiten erlernen wollen, mit denen Sie Ihre eigene innere Stimme finden können. Die Zeit, die Sie auf die Übung verwenden, gleicht einem Golddepot in der Bank der positiven Selbstveränderung. Schon mit einem geringen täglichen Zeitaufwand für die Selbstfürsorge lässt sich bei Ihrer inneren Bank schnell ein kleines Vermögen aufbauen.

Im Idealfall sollten Sie die drei Schritte möglichst bald nach Auftreten Ihres aktuellen Problems ausführen. Je schneller Sie sich mit dem Leiden auseinandersetzen, das Sie aufgrund von

Schmerz, Begierde, Angst oder anderem erleben, umso schneller können Sie sich entspannen, eine Veränderung zum Positiven spüren und sich selbst wiederfinden. Sie können sich einmal täglich der Übung widmen oder viele Male am Tag – je nachdem, wie es erforderlich ist.

Doch den meisten Menschen fehlt die Zeit, sofort nach dem Auftauchen eines Problems prompt zu reagieren. Wir alle werden von zahlreichen Alltagszwängen getrieben, sodass wir uns einem solchen Prozess oft erst später widmen können. Schieben Sie diese Bemühungen trotzdem nicht zu lange auf. Wenn eben möglich, sollten Sie die drei Schritte noch am Tag, an dem das Problem zum ersten Mal aufgetreten ist, ausführen oder noch am selben Abend.

Tägliches Üben ist auch für das Erreichen längerfristiger Ziele wichtig. Es reicht nicht, eine plötzliche Begierde zu unterdrücken oder sich in einer bestimmten Situation etwas zu beruhigen, denn Sie wollen ja schließlich ein Problem lösen, mit dem Sie sich schon seit Langem abmühen – beispielsweise abzunehmen (und dann das Gewicht zu halten) oder das Rauchen aufzugeben oder zu lernen, mit Angst oder Schmerzen umzugehen oder Ihre Wut zu zügeln – was immer Ihr spezielles Problem sein mag. Langfristige Ziele zu realisieren erfordert beharrliches und engagiertes tägliches Üben über einen längeren Zeitraum.

Ganz gleich, ob es Ihnen um eine schnelle Linderung akuter Beschwerden oder um die Lösung eines seit Langem bestehenden Problems geht, Sie müssen sich in jedem Fall täglich etwas Zeit für die Suche nach der eigenen inneren Stimme nehmen.

Wann soll ich üben?

Noch einmal: Die beste Zeit zu üben ist immer dann, wenn Sie das Gefühl haben, dass Ihr Problem in Ihrem Leben die Oberhand gewonnen hat. Anders gesagt: Versuchen Sie, grundsätzlich dann zu üben, wenn es erforderlich ist, also dann, wenn Sie das Gefühl haben, es dringend zu brauchen.

Vielleicht stellen Sie auch fest, dass das stetige Üben in weniger schwierigen Zeiten es Ihnen in Krisenzeiten erleichtert, das regelmäßige Üben beizubehalten. Deshalb sollten Sie, um auf Krisen vorbereitet zu sein, sich das regelmäßige vorbeugende Üben zur Gewohnheit machen. Regelmäßiges Üben in den normalen Tageslauf zu integrieren hilft Ihnen, Ihr Ziel stets im Auge zu behalten.

Es gibt keine Tageszeit, die sich bei allen Menschen gleichermaßen am besten zum Üben eignet. Vielleicht ist für Sie persönlich der frühe Morgen am besten. Oft ist es dann im Haus besonders ruhig, und Sie können Ihre Gedanken sammeln, bevor Sie sich in das Alltagsgetriebe begeben. Oder Sie entdecken den Mittag als die für Sie ideale Zeit zum Üben. Der Mittag ist eine Art Ruhepunkt zwischen Morgen und Abend – eine Zeit, zu der man das am Morgen Erlebte rekapitulieren und sich auf den Rest des Tages vorbereiten kann. Für einige ist die Zeit vor dem Zubettgehen die beste Übungszeit. Hier kann man gut tief durchatmen und sich vom Alltagsstress lösen, was die Entspannung und den Schlaf fördert.

Falls Ihr Tag nicht nach einem bestimmten Schema abläuft oder falls Sie keine Routine ertragen können, wollen Sie sich vielleicht lieber erst dann der Übung widmen, wenn Sie sich entsprechend fühlen. Vergessen Sie nicht, dass es hier um eine Investition in Ihre Selbstfürsorge geht und dass die Angewohnheit, das Üben aufzuschieben, leicht dazu führen kann, dass Sie Übungssitzungen ganz ausfallen lassen und Sie sich somit um Ihren Fortschritt betrügen.

Wie lange soll ich üben?

Es wäre fatal, wenn Sie das Gefühl entwickeln würden, Sie müssten die Suche nach der eigenen inneren Stimme möglichst schnell zum erfolgreichen Abschluss bringen. Heutzutage gibt es viele Selbsthilfebücher, die schnellen Erfolg versprechen (mit Titeln wie *Glück in zehn Minuten*, *Fünf gute Minuten* usw.), aber wie viel Zeit Sie benötigen, um Ihr persönliches Problem zu lösen, hängt von den besonderen Umständen Ihrer persönlichen Situation ab. Nehmen Sie sich also die Zeit, die Sie brauchen, und wählen Sie für diese Arbeit ein Tempo, das Ihren persönlichen Wünschen und Bedürfnissen entspricht.

Wie viel Zeit Sie für das Üben aufwenden, wird sich im Laufe der Arbeit und im Einklang mit der Entwicklung Ihrer inneren Kraft verändern. Am Anfang brauchen Sie vielleicht dreißig Minuten oder eine Stunde, um die drei Schritte durchzuarbeiten und mit Ihrem Stress fertig zu werden. Wenn Sie mehr Erfahrung mit dieser Art von Arbeit gesammelt haben, benötigen Sie wahrscheinlich nur noch etwa fünf bis zehn Minuten. Irgendwann wird Ihnen der Prozess zur zweiten Natur werden und dann praktisch automatisch ablaufen, sodass es nur noch ganz kurz dauert, bis Sie in die letzte Reihe kommen und sich entspannt und erneuert fühlen.

Auch *zu lange* zu arbeiten ist nicht optimal. Zu viel Bemühung und tägliches stundenlanges Üben können blockierend wirken und Ihren Fortschritt behindern. Wenn es um die persönliche Entwicklung geht, wird man leicht mit dem Gesetz des abnehmenden Ertrags konfrontiert.

Ein Schüler fragte einmal seinen Zen-Meister, wie lange er meditieren solle, um inneren Frieden zu finden. Der Meister antwortete: »Meditiere ein Jahr lang eine Stunde täglich.« Der eifrige Student fragte daraufhin: »Und was ist, wenn ich fünf Stunden täglich meditiere?« Der Meister antwortete: »Dann dauert es fünf Jahre.«

Soll ich für jeden Schritt gleich viel Zeit aufwenden?

Keineswegs. Die Zeit, die Sie auf die einzelnen Schritte verwenden müssen, ändert sich wahrscheinlich von Tag zu Tag. An einem Tag brauchen Sie mehr Zeit für Schritt 1 (Erleben) und weniger für Schritt 2 (Bewerten), am nächsten Tag ist das Verhältnis ein anderes. Behalten Sie Ihre Bedürfnisse im Blick, und gestalten Sie den Zeitaufwand flexibel.

Fast unmöglich ist es vorauszusagen, wie viel Zeit Schritt 3 (Auflösung des Problems) erfordern wird. Manchmal wird Ihre kreative Letzte-Reihe-Lösung Sie überraschen, weil sie spontan innerhalb weniger Sekunden auftaucht, als könnte Ihre Intuition – Ihre Stimme – es gar nicht erwarten, gehört zu werden. In anderen Fällen haben Sie das Gefühl, nicht weiterzukommen (insbesondere wenn Sie sich zu sehr anstrengen), und Sie müssen länger warten, bis Ihnen eine neue Idee oder Antwort einfällt und der Wechsel in die letzte Reihe stattfindet.

Wo soll ich üben?

Am besten üben Sie da, wo Sie mit Ihrem Problem konfrontiert werden. In den meisten Fällen jedoch werden Sie sich einen anderen Platz suchen müssen, wo Sie nach der aktuellen Situation üben können. Grundsätzlich können Sie überall üben; Sie sollten aber versuchen, einen Ort zu finden, der Ihnen angenehm ist, wo Sie sich sicher fühlen und wo Sie nicht unterbrochen werden. Entspannung steht bei allen in diesem Buch beschriebenen Übungen am Anfang, und die Suche nach einem ruhigen, abgeschiedenen und vertrauten Ort hilft Ihnen in jedem Fall, sich zu entspannen.

Wenn Sie sich für einen Ort in freier Natur entscheiden, sollte es dort ruhig sein. Ein Garten oder eine Veranda hinter dem Haus eignen sich besser als ein Platz an der Vorderseite des Hauses, wo

Sie leichter gestört werden. Wenn Sie etwas mehr Erfahrung mit dieser Arbeitsweise gesammelt und sich daran gewöhnt haben, können Sie auch an einem Strand oder in einem Park üben und dabei die Wärme und erfrischende Atmosphäre genießen.

Am Anfang ist es wahrscheinlich für die meisten besser, in einem geschlossenen Raum zu üben. Zu Hause empfiehlt sich ein ruhiges Schlafzimmer, ein Büro oder ein anderer nur selten benutzter Raum – insbesondere, wenn Sie Kinder haben. Wenn Sie in Ihrer Wohnung keinen wirklich ruhigen Platz finden, können Sie auch in der Garage üben, eventuell sogar in Ihrem geparkten Auto (aber in keinem Fall bei laufendem Motor!). Wenn Sie an Ihrem Arbeitsplatz üben wollen, können Sie vor Beginn der Arbeitszeit oder während der Mittagspause für ein paar Minuten die Tür zu Ihrem Büro schließen und das Licht ausschalten.

Soll ich im Sitzen oder im Liegen üben?

Die meisten Menschen finden es besser, in einer entspannten Sitzhaltung zu üben, als es im Liegen zu versuchen. Wenn Sie liegen, können Sie, sobald Sie sich in einem sehr entspannten Zustand befinden, leicht einschlafen. Falls Sie unter Schlaflosigkeit leiden und als Ziel gewählt haben, besser einschlafen zu können, ist Üben im Liegen natürlich sinnvoll.

Setzen Sie sich auf einen bequemen Stuhl – Sie können ihn sich als »Letzte Reihe«-Stuhl in Ihrem inneren Theater vorstellen – mit einer hohen Rückenlehne, die den Kopf abstützt und Ihnen ermöglicht, sehr aufrecht zu sitzen. Wird Ihr Kopf nicht gestützt, während Sie sich entspannen, kann er leicht zurückkippen und Sie aus Ihrer Fokussierung nach innen reißen. Ein Kissen kann dies verhindern.

Zu Beginn der Übungssitzung lassen Sie die Arme am besten an den Körperseiten herabhängen oder auf den Armlehnen des Stuhls ruhen, wenn das für Sie bequemer ist. Sie können die Arme aber auch in Ihren Schoß legen. Das Wichtigste ist, dass Ihre Haltung entspannt und für Sie bequem ist.

Soll ich die Augen offen oder geschlossen halten?

In der Regel ist es am besten, die Augen geschlossen zu halten. Die meisten Menschen schließen automatisch die Augen, wenn sie sich entspannen, wahrscheinlich weil ihre Augenlider dann müde werden. Deshalb fühlen sie sich bei geschlossenen Augen wohler. Wichtiger jedoch ist, dass Sie nach innen fokussieren, sobald Sie die Augen schließen, und dass Sie in diesem Zustand leichter in Ihr inneres Filmtheater eintreten und Ihre innere Weisheit entdecken können.

Trotzdem ziehen es viele Menschen, die mit der FINDE DEINE STIMME-Technik vertraut sind, vor, mit offenen Augen zu üben. Falls auch Sie die Augen offen halten wollen, können Sie Ihren Blick auf einen Punkt richten, der sich langsam und regelmäßig bewegt oder sich nicht bewegt. Konzentration ist für die Übung sehr wichtig, und visuelle Ablenkungen wirken leicht störend auf Ihren mentalen Fokus. Versuchen Sie einfach einmal, mit offenen Augen zu üben, um festzustellen, wie Sie damit zurechtkommen.

Wie gehe ich mit Ablenkungen um?

Diese Frage wird sehr oft gestellt: Was kann ich tun, wenn irritierende Geräusche oder andere Ablenkungen meine Konzentration stören? Natürlich ist es schwierig, sich zu konzentrieren, wenn gerade ein Flugzeug über Sie hinwegfliegt, wenn draußen die Müllabfuhr mit lautem Getöse vorbeifährt oder wenn Ihr Hund bellt. So gut Sie sich auch abgeschirmt haben mögen, kann es trotzdem sein, dass Sie durch Natur oder Technik beim Üben gestört werden.

Wenn das passiert, brauchen Sie nicht dagegen anzukämpfen und auch nicht zu versuchen, die Störung zu ignorieren. Im Übrigen führt der Versuch, etwas zu ignorieren, oft dazu, dass Sie das Störende noch stärker wahrnehmen. Doch statt gegen die Ablenkung anzukämpfen, können Sie sie auch nutzen, um sich noch tiefer zu entspannen. Sie brauchen nur ein wenig Vorstellungskraft, um das Störende umzudeuten und zu einem Teil Ihrer Übung zu machen.

Beispielsweise könnte der Lärm eines Müllfahrzeugs draußen bei Ihnen die Assoziation hervorrufen, dass Sie Ihre Anspannung und Ihren Stress wegwerfen. Sie könnten sich sagen: »Während sich das Geräusch des Müllfahrzeugs nähert, verpacke ich meine gesamte Anspannung und meine Sorgen in einen großen schwarzen Müllsack. Hält der Wagen dann vor meinem Haus, werfe ich den Sack auf den Wagen, der ihn zur Mülldeponie fährt.«

Während der Visualisierung dieser Szene können Sie sich vorstellen, dass Ihr Müllsack vom Müllwagen verschluckt und weggefahren wird. Spüren Sie das Nachlassen von Anspannung und Druck, während das Geräusch der Müllabfuhr an Ihrem Haus vorüberzieht und sich allmählich in der Ferne verliert.

Es gibt unendlich viele Möglichkeiten, mithilfe der Vorstellungskraft Stressoren in entspannende Faktoren zu verwandeln. Ich möchte noch ein paar Beispiele aufzählen:

Das Geräusch eines Laubbläsers auf dem Nachbargrundstück erinnert mich daran, dass ich meine Sorgen für eine Weile wegblasen kann.

Wenn mein Hund bellt, denke ich an einen wunderschönen Park, in dem alle Hunde frei umherlaufen können und wo ich mich auf einem Felsen am See entspanne.

Das Ticken einer Uhr erinnert mich an den regelmäßigen Schlag meines Herzens. Ich kann das Herz durch meine Atmung beruhigen und mich aus der Hektik des Alltags lösen.

Wenn über mir ein Flugzeug dröhnt, denke ich an die vielen wunderschönen Orte, zu denen Menschen fliegen, um einen entspannenden Urlaub zu verbringen. Ich lasse mich dann eine Weile mit ihnen treiben.

Wenn Sie solche Denkweisen nutzen, können Sie äußere Ablenkungen zur Förderung Ihrer Entspannung und zur verstärkten Fokussierung auf die Übung heranziehen.

Wie kann ich meinen Geist beruhigen?

Ablenkungen können auch von innen kommen. Beispielsweise haben Menschen, die viel denken, oft Schwierigkeiten, ihren Geist zur Ruhe zu bringen. Ihre Gedanken gleichen dem Verkehr an einer stark befahrenen Straßenkreuzung oder dem Stimmengewirr auf einer Cocktailparty. Wenn Sie das Gefühl haben, so viele Gedanken zu produzieren, dass es Ihnen schwerfällt, sich zu entspannen und mit der Suche nach der eigenen inneren Stimme zu beginnen, können Sie versuchen, Ihre Gedanken durch Gewahrsein, Akzeptieren und den Ausdruck Ihrer Empfindungen zu beruhigen.

Fokussieren Sie zunächst auf Ihre Gedanken. Achten Sie darauf, wie sie Ihnen in den Sinn kommen, eine Weile darin präsent bleiben und dann wieder abziehen. Stellen Sie fest, wie Sie Ihre Gedanken voneinander trennen und ihnen nacheinander zuhören können. Identifizieren Sie einen Gedanken nach dem anderen.

Hinterfragen Sie Ihre Gedanken nicht, weisen Sie sie nicht zurück, und ignorieren Sie sie vor allem nicht. Ihre Gedanken sollen keinerlei Konflikt hervorrufen, sondern Sie lassen sie einfach zu, heißen sie willkommen und stellen sie für einen Augenblick in Ihren Fokus.

Lassen Sie zu, dass Ihre Gedanken sich manifestieren, und nutzen Sie sie im Rahmen einer Zählübung. Zählen Sie Ihre Gedanken, indem Sie mit der Zahl 1 beginnen und bis 40 oder 50 zählen – zählen Sie auf diese Weise alle Gedanken, die in Ihrem Geist auftauchen. Entwickeln Sie die Fähigkeit, Gedanken zu zählen, zur Perfektion. Achten Sie darauf, dass Sie sie voneinander trennen, damit Sie nicht einen Gedanken zählen, wenn es sich tatsächlich um drei miteinander verbundene handelt. Zählen Sie sorgfältig und genau, und machen Sie sich bewusst, wie viele unterschiedliche Gedanken Sie haben. Atmen Sie anschließend langsam und regelmäßig in Verbindung mit einem Zählmuster. Atmen Sie beispielsweise beim Auftauchen eines Gedankens ein und beim Auftauchen des nächsten aus.

Sie werden bald merken, wie sehr Sie sich in den Prozess des Gedankenzählens vertieft haben und wie tief Sie sich dadurch entspannt, fokussiert und auf die Suche nach der eigenen inneren Stimme vorbereitet haben.

Wie kann ich meine Emotionen beruhigen?

Einige Menschen sind so sehr in starken Emotionen – Traurigkeit, Wut, Schuld, Sorgen usw. – gefangen, dass sie sich nicht entspannen können. Wenn Sie das Gefühl haben, Ihr emotionaler Zustand halte Sie davon ab, mit der Übung zu beginnen, können Sie die folgende Übung zur Beruhigung des Herzens ausprobieren, durch die ebenfalls Gewahrsein, Akzeptieren und der Ausdruck von Empfindungen gefördert werden.

Machen Sie es sich zunächst wieder so bequem wie möglich. Suchen Sie sich einen Ort, wo Sie eine Weile allein sein können, schließen Sie die Augen, und atmen Sie einige Male tief und langsam …

Fokussieren Sie auf Ihre augenblicklichen Emotionen. Fragen Sie sich: »Was fühle ich in diesem Augenblick?« Versuchen Sie nicht, Ihre Gefühle zu verändern oder zu beseitigen. Wir sind nun einmal primär emotionale Wesen, und es wäre sinnlos zu versuchen, uns Gefühle, in deren Macht wir uns befinden, auszureden.

Nehmen wir beispielsweise an, Sie hätten sich in Sorgen verstrickt. Schauen Sie sich Ihre Sorgen in allen Einzelheiten an – Sie können sie sogar übertreiben –, um sie so intensiv wie möglich zu erleben.

Stellen Sie sich die Sorgen anschließend als einen Ort vor, dem Sie sich nähern – als Haus, Höhle oder Dickicht im Wald. Vergegenwärtigen Sie sich den Eingang zu Ihren Sorgen. Fokussieren Sie darauf, wie es zu Ihrer Konfrontation mit den Sorgen gekommen ist und wie Sie sich in diese Emotion hineinversetzen.

Sobald Sie sich in Ihren Sorgen befinden, lauschen Sie Ihrer Stimme. Versuchen Sie keinesfalls, etwas an der Situation zu ändern; beobachten und lauschen Sie nur, um sich der Sorgen in allen Einzelheiten bewusst zu werden. Sie können dem besorgten Anteil Ihrer Person gegenüber sogar Verständnis und Mitgefühl entwickeln. Machen Sie sich diesen Anteil zum Freund. Und verlassen Sie dann mit ihm gemeinsam den Ort der Sorgen.

Atmen Sie einige Male tief und reinigend – atmen Sie einen kühlen Fokus ein, der auf Ihren inneren Freund gerichtet ist, und atmen Sie die Sorgen aus. Atmen Sie vier- oder fünfmal tief, um loszulassen. Sie werden dann merken, dass Ihre Sorgen Ihnen geholfen haben, sich in die Übung hinein zu entspannen.

Warum sind visuelle Vorstellungen so wichtig?

Die Sprache der Intuition ist die Sprache der visuellen Vorstellung. Wenn Sie effektiv mit Ihrem Ich der letzten Reihe kommunizieren wollen, müssen Sie lernen, mit Ihren visuellen Vorstellungen zu »sprechen«.

Was sind visuelle Vorstellungsbilder? Ein visuelles Bild ist einfach ein geistiges (bzw. inneres) Bild. Schließen Sie die Augen und erinnern Sie sich daran, was Sie heute Morgen beim Aufstehen zuerst gesehen haben. Oder stellen Sie sich Ihr Auto vor. Oder Ihre Lieblingsfarbe. Wenn ich Sie auffordere, mir von einem dieser Objekte zu berichten, mussten Sie sich erst daran erinnern (engl.: »*re-member*«) – was bedeutet: Sie mussten es in Ihrer Vorstellung nachbilden und es vor Ihrem inneren Auge als Bild sehen. So nutzt man die Vorstellung. Von Aristoteles stammt der Satz »Die Seele denkt nie ohne ein Bild«.

Zweifellos ist die visuelle Vorstellung – die Erzeugung von Vorstellungsbildern – ein hochwirksames Werkzeug für die Suche nach der eigenen inneren Stimme. Ihr Unbewusstes erkennt geistige Bilder viel leichter als abstrakte Wörter und Ideen und reagiert auch besser auf sie. Deshalb kann man durch den Gebrauch der Vorstellungskraft klarer und vielfältiger mit der Intuition kommunizieren, und dadurch wird die Kommunikation mit dem wahren, authentischen Selbst vertieft.

Was ist, wenn mir das Visualisieren schwerfällt?

Wir alle können mithilfe von Vorstellungsbildern kommunizieren, aber wir sind nicht alle gleich versiert darin, diese Sprache zu benutzen. Deshalb werden wir nun etwas Zeit darauf verwenden, das Visualisieren zu üben.

Die folgenden Visualisierungsübungen ähneln jenen, die der Arzt Michael Samuels, einer der wichtigsten Experten in der Kunst der geführten Visualisierung zum Zweck der Körper-Geist-Heilung in seinem Buch *Seeing with the Mind's Eye* (Samuels 1984) beschrieben hat.

1. Schauen Sie sich eine der folgenden geometrischen Formen an, schließen Sie dann die Augen, und versuchen Sie, diese Form zu visualisieren.

2. Untersuchen Sie kurz ein dreidimensionales Objekt, das sich bei Ihnen zu Hause oder an Ihrem Arbeitsplatz befindet, beispielsweise eine Orange, ein Glas Wasser oder eine Lampe. Schließen Sie dann die Augen, und stellen Sie sich das Objekt vor.
3. Visualisieren Sie Ihr Klassenzimmer aus der Grundschule oder den Schulweg, den Sie als Kind gegangen sind.
4. Visualisieren Sie Ihr Haus oder Ihre Wohnung, Raum für Raum.
5. Visualisieren Sie das Gesicht eines Menschen, den Sie kennen, von seinen Augen bis zu seinem Lächeln.
6. Visualisieren Sie Ihr eigenes Spiegelbild.

Führen Sie diese Übungen drei bis vier Wochen lang jeden Tag ein paar Minuten aus, auch nachdem Sie mit den einzelnen Schritten zur Suche nach Ihrer inneren Stimme begonnen haben. Die Visualisierungsübung muss nicht viel länger zu dauern, als Sie zum Lesen dieser Anleitung brauchen. Vielleicht sind Sie erstaunt, wie lebhaft und kreativ Ihre Vorstellungskraft sein kann. Außerdem entsteht so eine direkte Kommunikationsverbindung zu Ihrer Intuition.

Sie können die beschriebenen Übungen auf verschiedene Menschen, Orte und Objekte übertragen, insbesondere auf solche, die aus *Ihrem* Inneren stammen – Lieblingsbilder aus Erinnerungen und Erlebnissen.

Visualisierungsübungen sind entscheidend für den Erfolg Ihrer Bemühungen. Viele in diesem Buch beschriebene Übungen erfordern, dass man sich Dinge vorstellen kann. Noch wichtiger ist jedoch, dass Ihre Fähigkeit zur Vorstellung von Bildern es Ihnen ermöglicht, den Film Ihres Lebens auf der inneren Projektionsleinwand und den inneren Kritiker in der 15. Reihe Ihres inneren Filmtheaters zu sehen.

Visualisierung oder Meditation?

Sich Szenen auf der inneren Projektionsleinwand vorzustellen bezeichne ich als »kreative Visualisierung« – eine sehr effektive Methode, wie man tief in das eigene Unbewusste vordringen und zur weisen, heilenden inneren Stimme in Kontakt treten kann.

Kreative Visualisierung hat viel mit Meditation gemeinsam. Beide beginnen mit der Atmung und mit mentalen Vorstellungen, die den Geist beruhigen und zentrieren. Und beide zielen auf die Stärkung des inneren Gewahrseins durch distanziertes Beobachten von Gedanken und Gefühlen.

Allerdings gibt es zwei wichtige Unterschiede zwischen Visualisierung und Meditation: *Erstens* geht die kreative Visualisierung über das bloße Gewahrsein hinaus und erschließt die heilende Kraft des Akzeptierens und des Ausdrückens von Empfindungen. Es geht dabei nicht nur um das passive Beobachten der eigenen Gefühle, sondern auch darum, sie anzunehmen und sie später wieder davonziehen zu lassen.

Zweitens ist die kreative Visualisierung zielorientierter als die Meditation. Bei der kreativen Visualisierung projizieren Sie persönliche heilende Vorstellungsbilder auf Ihre konkreten körperlichen oder emotionalen Probleme: Dabei kann es um die verschiedensten Dinge gehen, vom Stressmanagement bis zur Schmerzlinderung, um die Linderung von Ängsten ebenso wie um das Abnehmen, um die Verbesserung beruflicher oder sportlicher Leistungen, um die Körper-Geist-Heilung und um noch vieles mehr.

Klassische Meditation ist eine wundervolle Praxis, und die Stärkung des inneren Gewahrseins ist ein wertvoller Ausgangspunkt für die Suche nach der eigenen inneren Stimme. Aber die kreative Visualisierung ist umfassender, proaktiver und näher an dem, was man *geführte* Meditation nennen könnte.

Was kann ich tun, wenn meine Entschlossenheit nachlässt?

Während der Suche nach Ihrer inneren Stimme wird möglicherweise Ihr Engagement manchmal nachlassen, und Sie werden phasenweise das Gefühl haben, dass es sich nicht lohnt, sich weiter zu bemühen. Vielleicht haben Sie in solchen Situationen den Eindruck, mit einer Sitzung Ihres inneren Komitees nicht weiterzukommen oder in der fünfzehnten Reihe festzusitzen, und Sie finden, dass der Berg, den Sie erklimmen wollen, für Sie zu hoch ist. Wenn Ihnen alles zu viel wird und Sie Ihr Vorhaben fast schon aufgeben wollen, können Sie Folgendes ausprobieren:

So, wie Dinge beginnen, entwickeln sie sich meist auch weiter. Wenn Sie also morgens aufwachen, dann rufen Sie sich Ihre Entschlossenheit ins Bewusstsein – Ihre feste Absicht, Ihr Ziel zu erreichen. Bleiben Sie fünf bis zehn Minuten im halbbewussten Zustand im warmen Bett liegen, vergegenwärtigen Sie sich Ihr tiefes Engagement, akzeptieren Sie es und bringen Sie es zum Ausdruck. Visualisieren Sie, denken Sie, und spüren Sie, dass Sie gut Entscheidungen treffen und mit schwierigen Situationen bewundernswert umgehen können, dass Sie entspannt, selbstbewusst und mit Selbstliebe ausgestattet sind – und dass Sie bezüglich Ihrer Erfolge an dem vor Ihnen liegenden Tag optimistisch sind. Atmen Sie einige Male tief durch und sprechen Sie beim letzten Einatmen unmittelbar vor dem Aufstehen: »Ich werde es tun … Ich engagiere mich mit allen meinen Kräften für meine Gesundheit und mein Glück.« Pausieren Sie anschließend, und sprechen Sie beim Ausatmen Ihren Namen.

Am Abend vergegenwärtigen Sie sich vor dem Zubettgehen erneut Ihre tiefe Entschlossenheit, das gesetzte Ziel zu erreichen. Lassen Sie im Liegen den Tag an sich vorüberziehen, und konzentrieren Sie sich dabei auf das, was an Ihren Handlungen, Ihren Entscheidungen, Ihrer Einstellung, Ihrem Gewahrsein, Ihrem Akzeptieren und der Art, sich auszudrücken, richtig war. Führen Sie sich fünf bis zehn Minuten lang Ihr Ziel vor Augen, atmen Sie mehrmals tief, und sprechen Sie, während Sie sich entspannen und schläfrig werden, beim Einatmen, kurz bevor Sie einschlafen, innerlich zu sich selbst: »Ich werde es tun … Ich engagiere mich mit allen meinen Kräften für meine Gesundheit und mein Glück.« Pausieren Sie dann erneut, und sprechen Sie beim Ausatmen Ihren Namen.

Tun Sie dies ein paar Tage lang jedes Mal, wenn Sie das Gefühl haben, dass Ihr Engagement nachlässt. Geben Sie dieser Übung beim morgendlichen Aufstehen und beim abendlichen Zubettgehen einen festen Platz. Nach zwei oder drei Tagen werden Sie eine deutliche Veränderung bemerken.

Heißt Akzeptieren nicht auch Aufgeben?

Es liegt nahe zu glauben, dass »Akzeptieren« das Gleiche sei, wie wenn man bezüglich der Lösung von Problemen aufgibt oder resigniert. Das Gegenteil ist der Fall. Sich selbst zu akzeptieren ist eine *positive* Handlung; es wirkt proaktiv, erschließt neue Energie und verändert das Leben – es bringt Bewegung in Situationen und öffnet Türen. Sobald Sie sich so, wie Sie sind, akzeptieren, können sich die Dinge zum Positiven verändern.

Bei meiner Beschäftigung mit Meditation bin ich auf eine verblüffende Spruchweisheit gestoßen: »Akzeptieren ist Transzendieren.« Damit ist gemeint, dass wir immer dann, wenn wir im Leben etwas akzeptieren, sofort damit beginnen, es zu transzendieren, uns darüber hinaus zu entwickeln, uns darüber zu erheben.

Wenn Sie die positive Energie des Akzeptierens kennengelernt und zu Ihrer neuen Gewohnheit gemacht haben, werden Sie staunen, welche Fortschritte Sie machen. Falls Sie im Laufe des heutigen Tages irgendwann auf sich selbst wütend werden (und das wird sicher passieren), könnten Sie akzeptieren, dass sich ein Teil von Ihnen wütend fühlt. Und wenn Sie dann am nächsten Tag Hoffnungslosigkeit empfinden, weil Sie nicht glauben, dass Sie jemals Fortschritte erzielen werden (und auch das wird passieren), können Sie akzeptieren, dass sich ein Teil von Ihnen hoffnungslos fühlt.

Und wenn Sie dies tun, wird es auch auf andere Bereiche Ihres Seins übergreifen. Sobald etwas für Sie Schwieriges oder Belastendes geschieht, können Sie es akzeptieren. Wenn sich der Stress dann wieder auflöst, können Sie auch das akzeptieren. Und wenn Sie sich gut fühlen, akzeptieren Sie auch das. Und wenn das gute Gefühl dann wieder vergeht, akzeptieren Sie dies ebenfalls.

Sie werden dabei nicht versuchen, etwas zu verändern, etwas zu reparieren oder etwas loszuwerden. Sie werden nicht darauf beharren, dass sich bei Ihnen nur bestimmte Gedanken und Gefühle manifestieren – nämlich diejenigen, die Sie haben *sollten*. Vielmehr werden Sie alle Ihre Gedanken und Gefühle so akzeptieren, wie sie sind.

Wie bereits gesagt können Sie Ihre Gedanken und Gefühle ohnehin nicht vertreiben. Ob gut oder schlecht, ob positiv oder negativ, sind sie alle organische Bestandteile von Ihnen, so wie Ihre Finger und Zehen. Sie sind Ihr Leben lang mit Ihnen gewachsen und haben Sie in allen Lebensphasen begleitet, während Sie gelernt haben, mit unterschiedlichen Problemen und Menschen umzugehen.

Sie schneiden ja verletzte Finger oder Zehen auch nicht einfach ab und versuchen, sie loszuwerden. Sie beschließen vielmehr, besser auf Ihre Gesundheit zu achten und verletzte Körperteile zu heilen, und deshalb können Sie sich freier bewegen und besser mit den Dingen zurechtkommen.

Indem Sie sich so akzeptieren, wie Sie sind, lernen Sie, mit Ihren Gedanken und Gefühlen ebenso umzugehen.

Was ist, wenn ich einen Aspekt von mir einfach nicht akzeptieren kann?

Okay, nun wird es ziemlich paradox, aber anders lässt sich darüber nicht sprechen. Vielleicht halten Sie etwas, das Sie denken, fühlen oder tun, für völlig inakzeptabel, schrecklich oder beschämend. Was können Sie in solch einem Fall tun? Zunächst sollten Sie nicht weiter dagegen ankämpfen, indem Sie *versuchen*, es zu akzeptieren. Dadurch verstricken Sie sich nur in einem Teufelskreis des Widerstands gegen Ihren Widerstand. Tun Sie stattdessen das Gegenteil: Treten Sie einen Schritt zurück, und *akzeptieren Sie, dass Sie es nicht akzeptieren können*. Mit anderen Worten: Tauchen Sie direkt in Ihr Gefühl des Widerstands ein, reiten Sie auf der Welle, bis Sie wieder aus deren Sog heraus sind, bis Sie davon frei sind oder bis Sie im akzeptierenden Geisteszustand heimisch geworden sind. Wenn Ihr Geist sich in den Modus des Akzeptierens hinein entspannt hat, gelangen Sie leichter in die letzte Reihe und können von dort aus den Kampf, der in Ihrem Inneren tobt, freundlicher, fürsorglicher und mitfühlender verfolgen.

Wenn Sie Ihren Widerstand akzeptieren, akzeptieren Sie automatisch auch Ihren inneren Richter. Ihr gesamter Widerstand – Skepsis, Pessimismus und Negativität – stammt vom inneren Richter, und auf einen Kampf gegen ihn sollten Sie es auf keinen Fall anlegen. Warum? Weil Sie niemals gewinnen würden! Aber wenn Sie Ihren inneren Richter akzeptieren und *mit* ihm statt *gegen* ihn arbeiten, wird diese negative Stimme in Ihrem Geist schnell leiser, und der Knoten Ihres Widerstands löst sich sehr schnell auf.

Ist mein innerer Richter auch zu positiver Kritik fähig?

Ja, manchmal. Ihr innerer Richter äußert ständig seine Meinung, und einige seiner Urteile sind mit Sicherheit positiv oder zustimmend.

Aber oft ist die positive Kritik Ihres inneren Richters eine raffinierte Falle. Beispielsweise könnten Sie sich selbst gratulieren, weil Sie in Ihrem Beruf einen hohen Bonus kassiert oder sich ein teures Auto gekauft oder hervorragend Golf gespielt haben. Doch damit eröffnen Sie der Kritik die Möglichkeit, sich umgehend durch die Hintertür wieder bei Ihnen einzuschleichen. Eigenlob kommt vom Ich, und Ihr Ich ist mit Ihnen und Ihren Erfolgen nie zufrieden. Sogar wenn Sie sich selbst auf die Schulter klopfen, versucht Ihr Ich, einen Mangel zu finden und Sie vom Sockel zu reißen, indem es Ihnen Ihre Unzulänglichkeit (»Du hast einfach Glück gehabt«), Ihre Unwürdigkeit (»Du hast das gar nicht verdient«) und Ihre Ungeduld (»Na ja, es wird aber auch langsam Zeit«) vorwirft.

Gehen Sie wie immer vor, und hören Sie sich diese Urteile – positive wie negative – zunächst einfach an, aber begeben Sie sich anschließend in die letzte Reihe, damit Sie Ihren Erfolg mit größerer Weisheit sehen und die Stimme der Freude und Dankbarkeit – statt der des Eigenlobs – hören können.

Kann ich meine Probleme auch anders zum Ausdruck bringen?

Ja. Manchmal ist Körpertraining nützlich.

Falls Sie Mitglied eines Fitnessstudios sind, zu Hause trainieren oder in Ihrer Nachbarschaft joggen oder walken, können Sie dieses regelmäßige Training nutzen, um Ihre Probleme auszudrücken. Während Sie Gewichte heben, laufen, schwimmen, Fahrrad fahren usw., können Sie alle beunruhigenden Gedanken, Gefühle und Sorgen, die Sie in sich festhalten, loslassen und zum Ausdruck bringen.

In anderen Situationen müssen Sie eventuell sogar kämpfen, um sich von Ihren Gefühlen zu lösen:

> Halten Sie zu Hause ein spezielles altes Kissen bereit oder in der Garage bzw. im Fitnessraum einen Sandsack. Wenn Sie sich besonders gestresst fühlen, dann schlagen Sie zehn Minuten lang so kräftig auf das alte Kissen oder den Sandsack ein, wie Sie können; dreschen Sie wirklich mit aller Kraft darauf ein, treten Sie drauf oder werfen Sie es irgendwo hin. Achten Sie auf alle Gedanken und Gefühle, die in Ihrem Kopf und Ihrem Herzen auftauchen, und lösen Sie sich von allen. All die Wut, die Traurigkeit und Frustration, die Angst und die Scham – allen Stress, den Sie am betreffenden Tag empfunden haben oder vielleicht sogar schon seit vielen Jahren empfinden. Wenn Sie einen Raum haben, in dem Sie ungestört sind, dann brüllen, schluchzen und schreien Sie. Halten Sie nichts zurück. Falls andere Menschen in der Nähe sind, brüllen Sie im Geiste.
>
> Bleiben Sie anschließend noch zehn Minuten lang still sitzen, atmen dabei und entspannen sich tief. Lieben Sie Ihr ganzes Sein. Es ist an der Zeit zu verstehen, dass Freiheit Ihr Ziel ist, und dass Gewahrsein, Akzeptieren und das Sich-Ausdrücken der Weg dorthin sind.

Sie können Ihr Problem auch mithilfe folgender Art von kreativer Visualisierung zum Ausdruck bringen.

> Stellen Sie sich vor, alle Ihre Sorgen und Frustrationen sowie alle negativen Gedanken und Gefühle befinden sich in einem kleinen, übel riechenden Raum. In diesem Raum öffnen Sie ein Fenster. Eine frische Brise weht hinein – so klar und kühl, dass alle Ihre Sinne aktiviert werden und alles Negative aus dem Raum geweht und an die frische Luft befördert wird. Atmen Sie dreimal sehr tief und befriedigend, und entspannen Sie sich anschließend.

Der große rote Heißluftballon

Im Folgenden wird eine längere kreative Visualisierung beschrieben, die vielen meiner Klienten besonders gefällt. Ihr Ziel ist, dass sich der Patient von seinem gesamten geistigen und emotionalen Ballast löst, den er den ganzen Tag über – oder sogar sein ganzes bisheriges Leben lang – mit sich herumträgt. Stellen Sie sich die beschriebene Szene vor, und gehen Sie mit Ihrer Imagination so spielerisch um, wie Sie wollen.

Sie spazieren durch eine wunderschöne Wiesenlandschaft. Der Sonnenschein wärmt Ihren Körper, und Sie spüren eine leichte Brise, die Ihnen ein wenig Kühlung verschafft. Die Gräser beugen sich ein wenig – gerade so viel, dass sie wunderschön und anmutig wirken, und die Vögel kreisen am klaren blauen Himmel. Zu Ihrer Rechten fällt Ihnen eine herrliche Wiese auf, in deren Mitte sich ein großer roter Heißluftballon befindet – und dieser Ballon fesselt Ihre Aufmerksamkeit. Sie staunen darüber wie ein kleines Kind. Es ist schon etwas merkwürdig, einen großen roten Heißluftballon mitten auf einer Wiese zu sehen. Deshalb sind Sie neugierig und vielleicht auch überrascht (welches von beiden, spielt keine Rolle), aber Sie wollen die Szene aus der Nähe betrachten.

Sie nähern sich dem großen roten Heißluftballon, und während dieser Annäherung entdecken Sie unter ihm einen großen Korb – so groß, dass Menschen darin sitzen können. Weil sich niemand in diesem Korb befindet, schauen Sie hinein und sehen auf seinem Boden einen großen leeren Jutesack. Es wirkt so, als hätte jemand den Sack dort hingelegt, damit Sie alle unabgeschlossenen Angelegenheiten, allen Stress, alle Probleme, alle Herausforderungen, mit denen Sie sich im Leben abmühen, in diesen Sack stopfen können.

Sie füllen den Sack also mit negativen Gedanken, Schuldgefühlen, Stress, Schwierigkeiten und Sorgen. Stopfen Sie alles hinein, alte und neue, aktuelle und weiter zurückliegende, kleine und große Dinge. Sie entfernen den Stress aus Ihrem Brustkorb, die Schuldgefühle aus dem Geist und die Sorgen aus dem Bauch. Und während Sie den Jutesack füllen, merken Sie, dass Sie leichter werden und sich wohler fühlen. Je mehr Dinge Sie in den Sack stopfen, desto besser fühlen sie sich, bis der Sack schließlich voll ist. Wenn er voll ist und Sie ihn wieder in den Korb zurückgelegt haben, fühlen Sie sich deutlich besser, wohler und erleichtert und auch irgendwie glücklich über diese erstaunliche Chance, die Sie entdeckt haben.

Dann fällt Ihnen auf, dass der große rote Heißluftballon durch Sandsäcke am Boden gehalten wird, die mit dicken Seilen am Korb der Passagiergondel befestigt sind. Doch Sie finden ganz in der Nähe ein Messer und machen sich daran, die Sandsäcke abzuschneiden. Sie schneiden also den ersten Sandsack ab, und während Sie dies tun, entwickeln sie das Gefühl, Sie würden loslassen, Sie würden Ihre Verbindung zum Stress, zu den Sorgen und zu all den Unannehmlichkeiten kappen. Das ist ein wunderbares Gefühl. Danach wenden Sie sich dem nächsten Stück Seil und dem nächsten Sandsack zu und schneiden auch ihn ab und fühlen sich noch besser, als würden Sie wirklich alles loslassen und sich deshalb frei und wohl fühlen. Sie gehen zum nächsten Sandsack und schneiden auch ihn ab, und dann erhebt sich der große rote Heißluftballon ein wenig vom Boden, und das fühlt sich noch besser an. Dann gehen Sie einmal im Kreis um den Ballon und schneiden alle Sandsäcke von ihren Seilen ab, und Sie haben wirklich das Gefühl, alle unabgeschlossenen Dinge ein für alle Mal loszulassen, die Sie in Ihren Sack gesteckt haben.

Und wenn Sie das letzte Seil loslassen und den letzten Sandsack abgeschnitten haben, schweben Ihr gesamter Stress und ihre ganze Negativität empor und weg von Ihnen, und der große rote Heißluftballon erhebt sich in die Luft. Und während der Ballon vom Boden abhebt, spüren Sie ein sehr angenehmes Loslassen und Seinlassen. Dann schwebt der Ballon zum Himmel empor, und Sie fühlen sich noch besser. Sie können zum Abschied winken – es fühlt sich so gut an, dass der ganze Stress, die Sorgen, Schuldgefühle und Schwierigkeiten davonfliegen.

Je höher der Ballon steigt, desto besser geht es Ihnen. Je höher er fliegt, umso leichter und freier fühlen Sie sich. Schon bald ist der große rote Ballon nur noch ein kleiner Punkt im Blau des Himmels, und er steigt unaufhaltsam weiter und fliegt immer weiter davon, und Sie fühlen sich leichter, freier und entspannter, einfach glücklich. Der rote Punkt im unendlichen Blau des Himmels wird immer winziger. Und dann ist er verschwunden.

Es ist wunderbar, sich frei, entspannt und glücklich zu fühlen, wenn man weiß, wie man loslassen kann, wie man sich angesichts dieses großen roten Heißluftballons immer und überall besser fühlen kann. Sie können diese Visualisierung jeden Tag einsetzen. Dazu reichen zehn Minuten oder auch nur zwei Minuten. Wie lange Sie brauchen, spielt keine Rolle. Sie können sich damit wunderbar von einem Problem lösen und auf die bestmögliche Art damit zurechtkommen.

Muss ich die drei Schritte immer in der gleichen Reihenfolge ausführen?

Nein. Die einzelnen Schritte von FINDE DEINE STIMME können in der hier beschriebenen Reihenfolge durchlaufen werden, man kann sich aber auch zwischen den drei Schritten hin und her bewegen. Zu Beginn der Arbeit werden Sie wahrscheinlich hin und wieder auf Dinge zurückkommen müssen, die Ihnen unvollständig erscheinen. Haben Sie schon einmal die Redensart »Zwei Schritte vor, einen zurück« gehört? Nun, vielleicht haben Sie nach den Schritten 1 und 2 das Gefühl, dass Sie noch einmal zu Schritt 1 (Erleben) zurückkehren und noch intensiver daran arbeiten müssen – vielleicht, indem Sie noch einmal am Akzeptieren oder am Sich-Ausdrücken arbeiten –, bevor Sie zu Schritt 2 und danach zu Schritt 3 übergehen können. Die Schrittfolge könnte also beispielsweise 1, 2, 1, 2, 3 lauten oder sich noch komplizierter gestalten.

Ganz gleich, für welchen Weg Sie sich entscheiden: Sorgen Sie dafür, dass Schritt 3 immer den Abschluss bildet – dass Sie immer in der letzten Reihe ankommen.

Wichtig ist in jedem Fall, dass Sie flexibel bleiben, das Geschehen in Bewegung halten und sich so viel Zeit nehmen, wie Sie brauchen. Sie werden beim Üben allmählich lernen, sicher zu erkennen, wann die Arbeit an einem Schritt abgeschlossen ist und Sie zum nächsten Schritt übergehen können. Vertrauen Sie sich in dieser Hinsicht selbst.

Wie lange dauert es, bis diese Arbeitsweise ihre Wirkung entfaltet?

Eine der größten Schwierigkeiten, mit denen Sie fertig werden müssen, ist Ihre Ungeduld in der Erwartung, die Ergebnisse Ihrer Bemühungen zu sehen. Die FINDE DEINE STIMME-Technik hilft Ihnen in jedem Fall, mit akuten Problemen fertig zu werden, doch eine dauerhafte Verbesserung stellt sich manchmal erst nach Wochen, Monaten oder Jahren ein – je nachdem, wie lange Ihr Problem schon besteht und wie stark Sie sich für seine Lösung einsetzen.

Bedenken Sie stets, dass Veränderung ein ganz wichtiges Wesensmerkmal der Natur generell ist, also auch der menschlichen Natur. Milton Erickson hat oft zu mir gesagt: »Jeder Mensch ist ein Individuum in einem Entwicklungsprozess.« Ich habe in diesem Buch versucht, den menschlichen Entwicklungsprozess in nur drei Schritten zu erfassen und entsprechend zu erklären, doch bei etwas so Bedeutendem gibt es immer eine Lernkurve. Das eigene Leben zu verändern und sich als Mensch weiterzuentwickeln erfordert in jedem Fall Zeit, und nichts kann sich schneller verändern, als Sie es verinnerlichen können. Nachdem Sie etwas neu Erlerntes in Ihr Leben integriert haben, verfügen Sie über mehr Fähigkeiten als vorher, und Sie können noch mehr Neues integrieren. Dies ist der Lauf der Dinge.

Das persönliche innere Wachstum ist nicht wie das Aufblühen von beispielsweise Sommerblumen, sondern ist eher mit Mammutbäumen vergleichbar, die über Jahrhunderte heranwachsen. Sie entwickeln neue Wurzeln, die sich tief in die Erde graben müssen. Wie ein Mammutbaum graben Sie Ihre Wurzeln tief in die Erde, und Ihr Stamm wächst hoch in den Himmel. Sie sind tief in der Erde verwurzelt, und Sie strecken sich nach den Wolken und Sternen. Es geht also nicht um ein paar Wochen wie bei Blumen, die jedes Jahr zu einer bestimmten Zeit blühen, nicht um einen Traum, der kommt und wieder vergeht. Das Ziel ist nicht, etwas vorzutäuschen. Das Resultat lässt sich nicht immer schnell erreichen, doch ist es einmal erreicht, ist es von Dauer. Genießen Sie es, groß und stark wie ein Mammutbaum heranzuwachsen. Seien Sie geduldig mit sich. Geduld ist ein Zeichen für Fortschritt.

Eile führt zu nichts, und es hat auch keinen Sinn, einzelne Schritte zu überspringen. Ungeduld hat nichts mit der letzten Reihe zu tun – sie wird Ihnen nicht gerecht. Ungeduld zeigt, dass Sie sich selbst beeindrucken wollen, dass Sie alles unter Kontrolle bringen wollen, dass Sie alles möglichst sofort wollen. Ungeduld bedeutet: »Meine Willenskraft sollte alles erreichen können.« Aufgrund der Dinge, die Sie neu erlernt haben, wissen Sie, dass dies die Perspektive Ihres inneren Kritikers, Ihres inneren Richters ist, der in der fünfzehnten Reihe sitzt.

Sie lernen auch, dass Geduld eines der größten Geschenke ist, die Sie sich machen können. Geduld verbessert alles: Beziehungen, die Gesundheit, Erfolg und die persönliche Freiheit. Geduld bedeutet, dass Sie nicht versuchen, den Fluss dazu anzutreiben, schneller zu fließen. Sie folgen dem natürlichen Tempo des Flusses und vertrauen darauf, dass Sie so zum Ziel gelangen werden. Geduld bedeutet, dass Sie sich entspannen, dass Sie gewahr sind, akzeptieren, loslassen, vertrauen und Hoffnung hegen. Es bedeutet, dass Sie nicht den Mut verlieren und dass Sie alles tun werden, was in Ihrer Macht steht – dass Sie sich selbst gegenüber hundertprozentig ehrlich sind –, um als Mensch täglich zu wachsen. Sie haben gelernt, dass dies Ihre Sicht aus der letzten Reihe ist, die Sicht bedingungsloser Liebe.

Sie haben gelernt, dass dies ein Paradox ist, das sich sogar wie ein Wunder anfühlen kann: Je weniger Sie den Lauf der Dinge zu beschleunigen versuchen, umso schneller geschehen sie; und je mehr Sie etwas zu erzwingen versuchen, umso länger dauert es, bis es tatsächlich geschieht.

Atmen Sie ein, und sprechen Sie innerlich das Wort »Geduld«. Und atmen Sie anschließend aus und sprechen Ihren Vornamen. Wiederholen Sie dies zehn bis fünfzehn Atemzüge lang. Wachen Sie am Morgen damit auf, und wiederholen Sie die Übung im Laufe des Tages fünf bis zehn Mal. Das können Sie sogar während einer belastenden Situation tun. Natürlich können Sie die Übung auch vor dem Zubettgehen ausführen.

Die Arbeit mit dem Atem ist die Brücke, die Sie in die letzte Reihe bringt, Ihre Verbindung zu Ihrer wahren, authentischen, intuitiven Stimme der inneren Weisheit.

Taekwondo

Fast alle meine neuen Klienten bitten mich, ihnen die Vorgehensweise von FINDE DEINE STIMME an einem Beispiel aus dem realen Leben zu erklären. Deshalb möchte ich am Ende dieses Buches erzählen, wie ich einer meiner Töchter durch eine kleine, aber für sie sehr belastende Krise geholfen habe.

Meine Tochter war zwölf Jahre alt und übte seit einigen Jahren die Kampfkunst Taekwondo. Obwohl sie kein besonders aggressives Kind war, wollte sie unbedingt den schwarzen Gürtel erreichen. Dazu musste sie an einem Wettkampf teilnehmen, bei dem sie auf Kinder traf, die sie nicht kannte und die fast alle mehr Erfahrung als sie hatten. Bangen Herzens ging sie mit mir zu dieser Veranstaltung, an der insgesamt wohl ein paar Tausend Kinder und Eltern teilnahmen.

Während der Wettkämpfe fühlte sie sich sehr unwohl, und ihre Angst überstieg ihr Selbstvertrauen eindeutig. Sie wollte niemanden verletzen. Sie wollte gar nicht dort sein und nicht kämpfen. Es fiel ihr schwer, die Fertigkeiten, die sie sich angeeignet hatte, gegen Mädchen einzusetzen, die unbedingt gewinnen wollten. Ihr Widerstand gegen die Wettbewerbssituation hinderte sie, ihre Kompetenz in einer Aktivität, die sie liebte, voll zur Geltung zu bringen.

Um meinen Kindern zu helfen, mit den normalen Kindheitsproblemen besser fertig zu werden, hatte ich ihnen einige einfache Atemtechniken und die Grundlagen von FINDE DEINE STIMME beigebracht. Wir hatten daraus in der Familie ein Spiel gemacht und es liebevoll »Ins Kino gehen« genannt.

Deshalb kniete ich während des Taekwondo-Wettbewerbs neben meiner Tochter auf den Boden und sagte: »Schatz, lass uns ins Kino gehen.« Ich fragte sie: »Wie fühlst du dich im Moment? Was passiert auf der Kinoleinwand?« (Schritt 1)

Sie antwortete: »Ich will nach Hause. Ich hasse das hier.«

»Gut«, antwortete ich, »und was sonst noch?«

»Warum muss ich das hier machen? Kann ich diesen Teil nicht einfach überspringen?«

»Nein, Schatz, du musst deine Gefühle akzeptieren und ausdrücken, wenn du über sie hinwegkommen willst. Mach einfach weiter, und sag, was du fühlst!«

Sie spuckte alles aus: »Dieser Wettbewerb ist doch bescheuert! Ich hasse ihn!! Ich bin grottenschlecht, und das ist mir so was von peinlich!«

Unter uns gesagt: Diese Situation *war* schon heftig. Fast jedes Kind, das nicht gerade hyperaggressiv gewesen wäre, hätte das, was meine Tochter empfand, bestätigt. Ich war dankbar, dass ich in dieser Situation bei ihr sein und ihr sozusagen als Coach im Hintergrund Tipps geben konnte. (Jedes Mal wenn ich die »Ins Kino gehen«-Schritte selbst durcharbeite, überprüfe ich zunächst innerlich meine Gefühle, schreibe sie mit meiner nichtdominanten Hand auf oder mache allein einen Spaziergang bzw. eine Fahrt mit dem Auto und führe dabei ein Selbstgespräch.)

Als Nächstes flüsterte ich meiner Tochter zu, dass sie vielleicht in die fünfzehnte Reihe gehen und sich dort anhören könnte, was ihr innerer Kritiker über sie und ihren Wettbewerb zu sagen hätte (Schritt 2). An diesem Punkt bleiben Sportler, sowohl Amateure als auch Profis, am häufigsten stecken. Wenn Sie mit 12 oder 42 Jahren oder in jedem anderen Alter lernen, Ihren inneren Kritiker bzw. Richter zu Wort kommen zu lassen, kann es Ihnen dadurch gelingen, auf kreative Weise die Probleme zu überwinden, die Sie ständig behindern und mit denen Sie vorher kaum fertig geworden sind.

Meine Tochter öffnete sich und gab die Kritik ihres Kritikers aus der fünfzehnten Reihe wieder: »Das müsstest du doch wirklich schaffen können! Dein Taekwondo-Lehrer ist mit seiner Frau hier; sie haben beide gedacht, du könntest das schaffen. Was sollen die anderen Kinder denn nur denken? Sie halten dich für ein Baby. Und ihre Eltern denken das wahrscheinlich auch.« Indem sie dies laut aussprach, verschwand ein Großteil des Stresses.

Versuchen Sie, sich einmal vorzustellen, wie anders die Situation gewesen wäre, wenn ich meine Tochter angeblafft hätte: »Nun mach schon! Hör auf, ängstlich zu sein, und streng dich an!« Wenn sie ihre Gefühle nicht ausgedrückt hätte und sich ihre Bewertungen nicht eingestanden hätte, wäre sie noch verwirrter gewesen, und sie hätte mich als jemanden abgetan, der sie unter Druck setze, etwas zu leisten. Was sie tatsächlich tat, verschaffte ihr die Freiheit, den letzten Schritt des Prozesses zu vollziehen.

Also forderte ich meine zwölfjährige Tochter, deren Geist und Herz nun wieder offen waren, auf, sich in die letzte Reihe des Kinosaals zu setzen (Schritt 3). Ihre Augen schlossen sich, als sie auf ihre Imagination fokussierte und sich vorstellte, sie sitze in der letzten Reihe und schaue auf die Filmleinwand und auf den Kritiker in der fünfzehnten Reihe, wobei sie von ihrer ruhigen, distanzierten und liebevollen Position in der letzten Reihe aus alle ihre Gefühle spürte und alle ihre Urteile hörte – und sich selbst fragte: »Wie gehe ich mit dem, was hier vor sich geht, am besten um?«

»Denke daran zu atmen«, ermahnte ich sie. (Ich sah, dass sie etwas angespannt wurde; deshalb ließ ich sie einen Moment zu Schritt 1 zurückkehren.) Ihre Augen schlossen sich wieder, während der Tumult von den Wettkämpfen durch die Halle schallte. Wir versetzten uns in unsere eigene kleine Welt. »Akzeptiere deinen Atem so, *wie er ist*«, sagte ich. »Atme ein ›Akzeptieren‹.« Ihre Lunge weitete sich. Beim Ausatmen sprach sie ihren Namen. Ihr Körper entspannte sich allmählich. Nach ein paar Atemzügen erinnerte sie sich daran, dass sie es genossen hatte – und dass sie wirklich gut darin war –, mit ihren Freunden Taekwondo-Übungen in ihrem örtlichen Verein einzustudieren. Die Anspannung, die ihr zuvor deutlich erkennbar ins Gesicht geschrieben war, ließ nach – und mit ihr schwanden auch die Ängste.

In der letzten Reihe angekommen erklärte meine Tochter mir, ihr sei klar geworden, dass sie sich nur auf die Bewegungen zu konzentrieren brauche, an denen sie so intensiv gearbeitet hatte, und dass sie sich bei jedem Wettkampf verhalten müsse, als ob »ich mit meinen Freunden meinen Spaß hätte«. Noch wichtiger war, dass sie sagte, ihr sei klar geworden, dass sie nur »mein Bestes tun« müsse und »nicht wütend auf mich« zu sein brauche, unabhängig von ihrem Abschneiden bei den Wettkämpfen.

Wow! Da war es. Diese Einsicht, dieses neue Verständnis, war das Geschenk ihrer Intuition, ihres wahren, authentischen Selbst. Sie hatte ihr Problem innerhalb weniger Minuten allein gelöst und war nun bereit, weiter an dem Wettbewerb teilzunehmen.

Wie erging es meiner Tochter bei den Wettkämpfen? Frisch entspannt und voller Selbstvertrauen gelang es ihr, sich von praktisch null Punkten am Anfang zum ersten Platz in ihrer Klasse emporzuarbeiten. Anschließend feierten wir beide unseren Sieg – jeder von uns seinen eigenen.

Sich selbst durch Lebenskrisen hindurchzuhelfen, so riesig oder geringfügig sie auch sein mögen, ist eine Kunst, die wir alle erlernen können. Die besten Entscheidungen und Antworten warten in Ihnen selbst auf Sie; doch sie zu erschließen – und dies insbesondere in schwierigen Situationen – erfordert, dass Sie Ihr Problem vollständig erleben, es bewerten und sich dann in die letzte Reihe begeben und es mithilfe der liebevollen und fürsorglichen Stimme Ihrer inneren Weisheit auflösen.

Jeder von uns hat die gleiche Chance, in seinem Leben eine außergewöhnliche Veränderung zu bewirken. Meine sehnlichste Hoffnung ist, dass Sie aus diesem Buch neue Zuversicht schöpfen – die belebende und befähigende Gewissheit, dass Sie nun, wenn Sie die drei Schritte von FINDE DEINE STIMME benutzen, tief in Ihrem Inneren wissen, wie Sie mit Ihrem Problem umgehen müssen, um Ihre Lebensziele zu erreichen.

Literatur

Alman, B. a. S. Montgomery (2005): Keep It Off: Your Key to Weight Loss for Life. New York (A. Plume).

Anda, R., V. J. Felitti F. W. Putnam a. D. L. Corwin (2012): The ACE-Study: The Adverse Childhood Experiences Study: background, findings, and paradigm shift. Salt Lake City, UT (Academy on Violence and Abuse).

Eliot, T. S. (1948): Vier Quartette. Dt. Nachdichtung v. Nora Wydenbruck. Wien (Amandus).

Harris, T. A. (1975): Ich bin ok, du bist ok – Wie wir uns selbst besser verstehen und unsere Einstellung zu anderen verändern können. Eine Einführung in die Transaktionsanalyse. Hamburg (rororo)

Keirsey, M. a. M. Bates (1990): Versteh mich bitte. Charakter- und Temperamenttypen. Del Mar (Prometheus Nemesis).

Ruiz, M. Don (2012): Die vier Versprechen: ein Weisheitsbuch der Tolteken. Berlin (Ullstein)

Samuels, M. a. N. Samuels (1984): Seeing with the mind's eye: the history, techniques and uses of visualization. New York (Random House).

Tolle, E. (2004): Jetzt! Die Kraft der Gegenwart. Bielefeld (Kamphausen).

Tolle, E. (2005): Eine neue Erde: Bewusstseinssprung anstelle von Selbstzerstörung. München (Goldmann).

Über den Autor

Brian Alman, Dr., Ph. D., studierte Klinische Psychologie in Boston und San Diego und war Schüler von Milton H. Erickson, des Begründers der modernen Hypnotherapie. Er betreibt seit über 30 Jahren eine Privatpraxis und bietet Weiterbildungen zu den Themen Stressbewältigung, Angstkontrolle und Problemlösungstechniken an. Zusammen mit Peter T. Lambrou hat er den Bestseller *Selbsthypnose – Ein Handbuch zur Selbsttherapie* verfasst (11. Aufl. 2013). Vorträge und Workshops führen ihn regelmäßig auf Fachtagungen in Deutschland.

www.TruSage.com